里斯本探索旅圖

一場美食 × 文化的深度之旅

七大主題路線

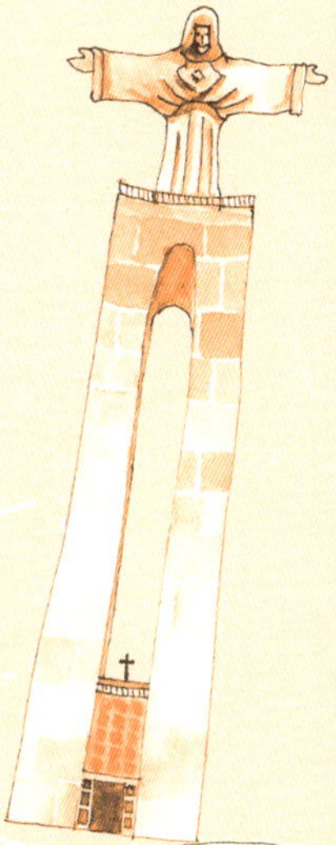

粟子 著

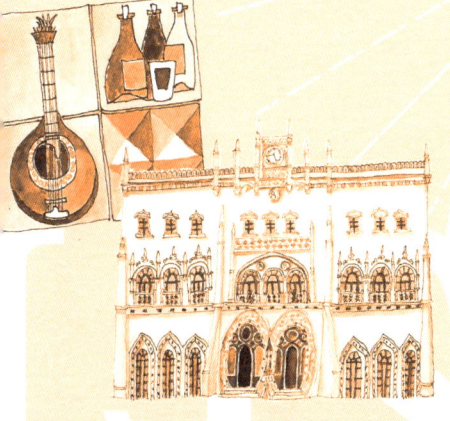

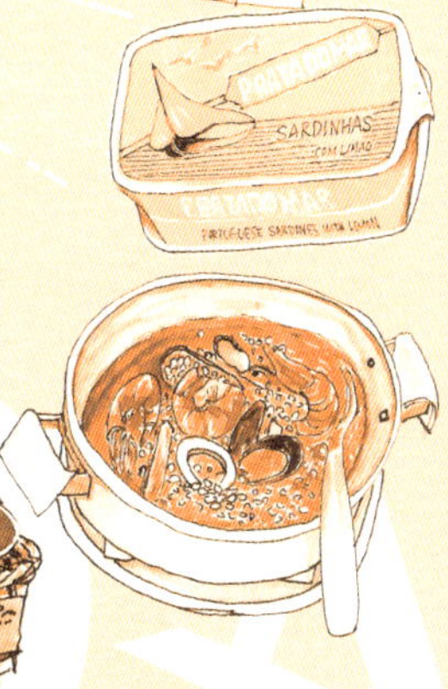

﹛疫後再相見﹜

　　平凡無奇的 7 年再見，因疫情擾亂而增添幾分擔憂，不知曾經光顧的餐廳是否健在、奔馳街頭的 Tuk Tuk 能否生存、曾經絡繹的人潮會否再現⋯⋯待抵達葡萄牙，才知先前憂慮實屬庸人自擾，熱門餐館總是滿座、Tuk Tuk 型態更加繽紛、遊客萬頭攢動、主流景點摩肩擦踵、旅館民宿質量齊揚，里斯本依舊是歐洲、乃至世界各地「識貨旅人」的心頭好。可喜的是，儘管旅遊業暢旺，當地人仍不改悠哉溫潤的性情，悠閒顧店、優雅點餐、悠然找零，即便後方已排起人龍，還是滔滔不絕與眼前客人談笑風生、噓寒問暖，或耐心地解釋公司複雜的優待折扣，或逗弄隨母親購物的小嬰兒，總之就是沒有為追求效率，快速打發任何人的意思。如此「雖在工作但更是個活人」的坦然態度，不只澆滅我罰站半刻鐘尚無法結帳的不耐，亦試著稍微放緩速度與腳步。畢竟有時即便你想快，也快不起來⋯⋯

　　疫情後的不變令人欣慰，疫情後的變則使事便捷，透過網路聯繫的免接觸服務大行其道，諸如：便宜便利的叫車軟體 Bolt、兼具保管及運送行李的 LUGGit 等，APP 操作簡單便捷，台幣百元就能解決惱人的交通暨運輸難題。購物方面，現金支付依舊適用範圍最廣，信用卡卻也不遑多讓，除少數強調「Cash Only」的餐飲店家，基本都接受塑膠貨幣，大型超市也大幅增加自助結帳的比重。沒有疫情再發的惶惶不安，里斯本人一如既往地倚著窗台看街景、沿著太加斯河慢跑、搭擁擠的電車外出購物、拎著沉重食材爬坡返家⋯⋯這份司空見慣的街頭日常，正是經歷 17 小時長途飛行後的最佳回饋。

別於上次初來乍到的陌生，此行雖稱不上輕車熟路，也算得心裡有底，走到哪兒都有幾分再見的熟悉。除重遊故地，還增添送書環節，將上次旅途寫成的《葡萄牙旅圖攻略》與《伊比利半島手刀擒來：手工釀葡萄牙×西班牙醉人汁旅》贈予內文提及的「當事者」。儘管語言勉強通、文字看不懂，收書人還是在面露些許困惑後，笑臉盈盈地收下來自亞洲的驚喜「重」禮（畢竟是從台灣遠道而來）。

　　因為疫情而遲到的再訪，終在解封後如願，以為難再見的再見，印證再難的局面都隨時間治癒。里斯本與她所在的葡萄牙，也會以舒緩而美好的姿態，迎接和世界旅人的初識與再會。

{ 個人部落格 }

玩世界・沒事兒
miss-suzi.blogspot.com/

戀上老電影：粟子的文字與蒐藏
mypaper.pchome.com.tw/oldmovie

Youtube 頻道─戀上老電影─粟子
www.youtube.com/@oldmovie-Suzi

Suzi 的旅行
www.youtube.com/@Suzi_travel

目次 contents

疫後再相見 003

Part 1 「里」有魅力—— 12 個關於里斯本的亮點 008

磁磚畫／葡式蛋塔／豬扒包／沙丁魚／馬介休（鹽漬鱈魚乾）／Piri-Piri 辣油／法朵／波特酒＋綠酒／電車／軟木／葡萄牙花公雞／6 大露天市集

Part 2 「斯」訊在手——旅遊攻略全都錄 026

旅遊季節／公眾假期／海關檢查／申根保險／時差／電壓插座／營業時間／小費指南／飲用水／廁所提示／步行距離／觀光巴士／Yellow Bus 熱門行程／紀念品／訂房建議／退稅手續／辦理退稅步驟／緊急聯絡／「食」指葡文／延伸路線

Part 3 「本」市交通——乘車資訊總整理 056

長途運輸 058
飛機／火車／巴士

市區移動 064
navegante 儲值卡／里斯本卡／里斯本地鐵／公車／電車／升降機／渡輪／Tuk Tuk／Táxi+Uber+Bolt+LUGGit

Part 4 分區「里」解——分區景點、購物與美食導覽 082

{ 阿爾法瑪舊城區 ALFAMA 及其以東 } 086

景點導覽｜國家磁磚博物館／聖塔阿波羅車站／國家先賢祠／城外聖文生教堂和修道院／法朵博物館／艾爾雷噴泉遺跡／太陽門觀景台／聖露西亞觀景台／聖地牙哥堂／恩寵觀景台／聖喬治城堡／里斯本最老屋／法朵塗鴉觀景點／里斯本主教座堂／里斯本聖安東尼堂／山上聖母觀景台

購物指南｜里斯本跳蚤市場／手繪磁磚畫專門店

美食攻略｜法朵之家／聖米迦勒之家／阿爾法瑪酒窖／阿爾法瑪甜點店／拉米羅海鮮餐廳／阿方索豬扒包／燈籠祕境中餐廳

{ 龐巴爾下城 BAIXA ＋羅西歐 ROSSIO 周邊 } 122

景點導覽｜聖母無玷始胎舊堂／商業廣場／里斯本故事館／奧古斯塔商業街／無花果廣場／羅西歐廣場／羅西歐車站／聖多明我堂／瑪麗亞二世國家劇院

購物指南｜達基諾帽館／里斯本罐頭工坊／魚罐頭百貨／馬利歐之家／席爾瓦熟食店

美食攻略｜馬蒂尼奧餐館／葡萄牙品酒館／里斯本尼古拉斯咖啡館／里斯本海鮮屋／尼古拉咖啡餐廳／國家糕餅坊／豬扒包之家／櫻桃酒吧／蛋塔工廠

{ 希亞多 CHIADO ＋上城 BAIRRO ALTO 周邊 } ········· **150**

景點導覽｜粉紅街區／里斯本河濱市場 +Time Out 美食市場／賈梅士前地／卡爾莫考古博物館／聖洛克堂／阿爾坎塔拉聖伯多祿花園／王儲花園

購物指南｜FORA 太陽眼鏡／Parfois 品牌店／葡萄牙生活雜貨店／陶瓷生產線專賣店／貝特朗書店／Cutipol 品牌店／尤利西斯手套專門店

美食攻略｜釣陽光酒吧／巴西人咖啡館／幸運草小館／曼蒂蛋塔／古典法朵餐廳／公爵餐廳／工藝小廚／馬查多酒莊／漢堡文化／麵包大教堂

{ 自由大道 AVENIDA DA LIBERDADE 及其以北 } ········· **180**

景點導覽｜自由大道／龐巴爾侯爵廣場／葡萄牙電影博物館／阿瓜里弗渡槽與水之母水庫／愛德華七世公園／里斯本中央清真寺／古爾本基安美術館／坎波佩克諾鬥牛場／里斯本法蒂瑪玫瑰聖母堂

美食攻略｜高楚燒烤餐廳／吉娜餐廳／凡爾賽甜點店／雞不可失／東方滋味

{ 市區西郊 } ········· **201**

景點導覽｜埃什特雷拉聖殿／佩索亞之家／國立古代美術館／阿茹達宮／阿茹達植物園／LX 文創工廠／慢慢讀／Carris 博物館

美食攻略｜里斯本蒂芬咖啡館／點一下小館／侯爵燒烤

{ 貝倫區 BELÉM } ········· **219**

景點導覽｜藝術、建築和科技博物館（MAAT）／里斯本地震博物館／國家馬車博物館／貝倫宮／熱羅尼莫斯修道院／海軍博物館／發現者紀念碑／貝倫塔

美食攻略｜貝倫烘焙坊／粉色麥當勞／巴黎人餐館

{ 阿爾馬達 ALMADA } ········· **239**

景點導覽｜4 月 25 日大橋／里斯本大耶穌像／河濱花園 + 街頭藝術步道／費南多二世與葛羅麗亞號護衛艦

美食攻略｜太陽貝拉餐館／終點餐館

{ 萬國公園 PARQUE DAS NAÇÕES ＋市區東郊 } ········· **250**

景點導覽｜里斯本海洋水族館／里斯本纜車／瓦斯科‧達伽馬大橋

購物指南｜周日市集

Part 5 暢遊「斯」路──7條主題規劃路線 ……… 256
- 01 經典景點48小時 ……… 258
- 02 葡式好食不漏勾 ……… 262
- 03 里斯本卡玩到飽 ……… 264
- 04 小吃吃出好葡味 ……… 266
- 05 老花磚與新文創 ……… 268
- 06 微冷門驚豔一日 ……… 269
- 07 零元景點省荷包 ……… 270

Part 6 避雷「本」事──11個遊覽提醒 ……… 272

Part 1

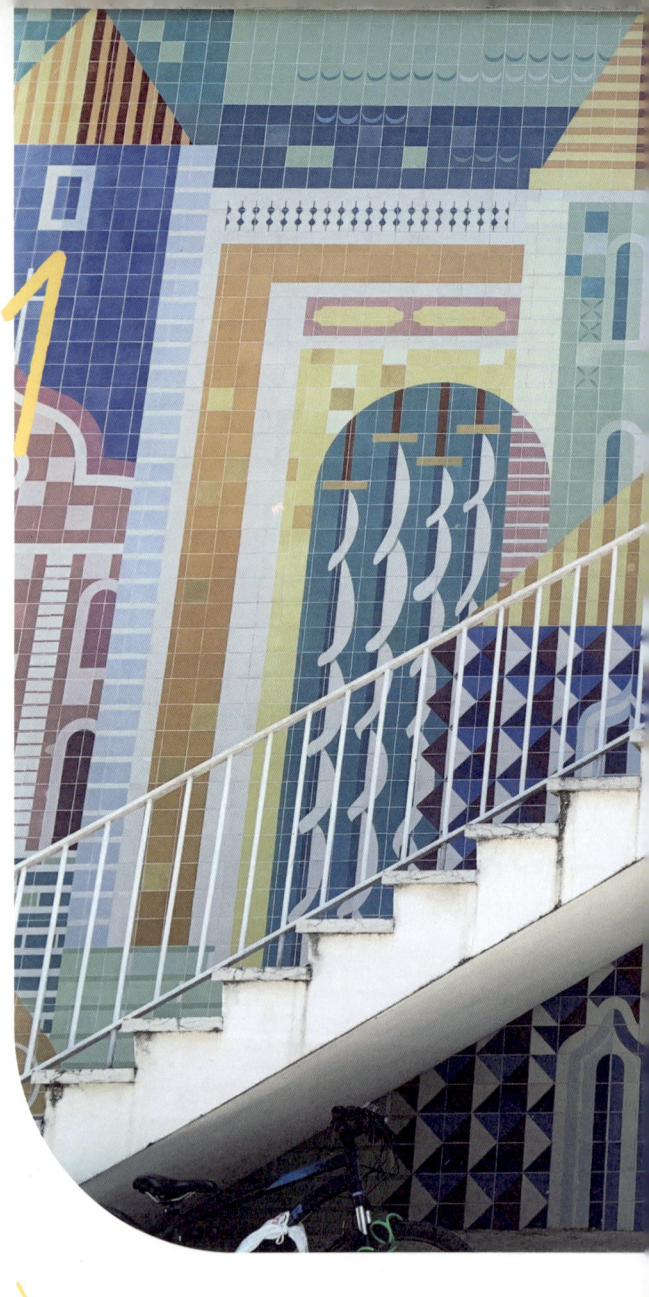

「里」有魅力──12個關於里斯本的亮點

作為葡萄牙的首善之都,里斯本可謂集全國大成,舉凡眼睛看的磁磚畫、電車,耳朵聽的法朵,嘴裡嘗的葡式蛋塔、豬扒包、沙丁魚、馬介休、Piri-Piri 辣油、波特酒,至手裡買的軟木、花公雞圖樣紀念品,盡是滿滿葡國風情。暢遊里斯本前,不妨對這些值得看、聽、嘗、買的建立初步認識,品味這座古老都市的 12 個亮點。

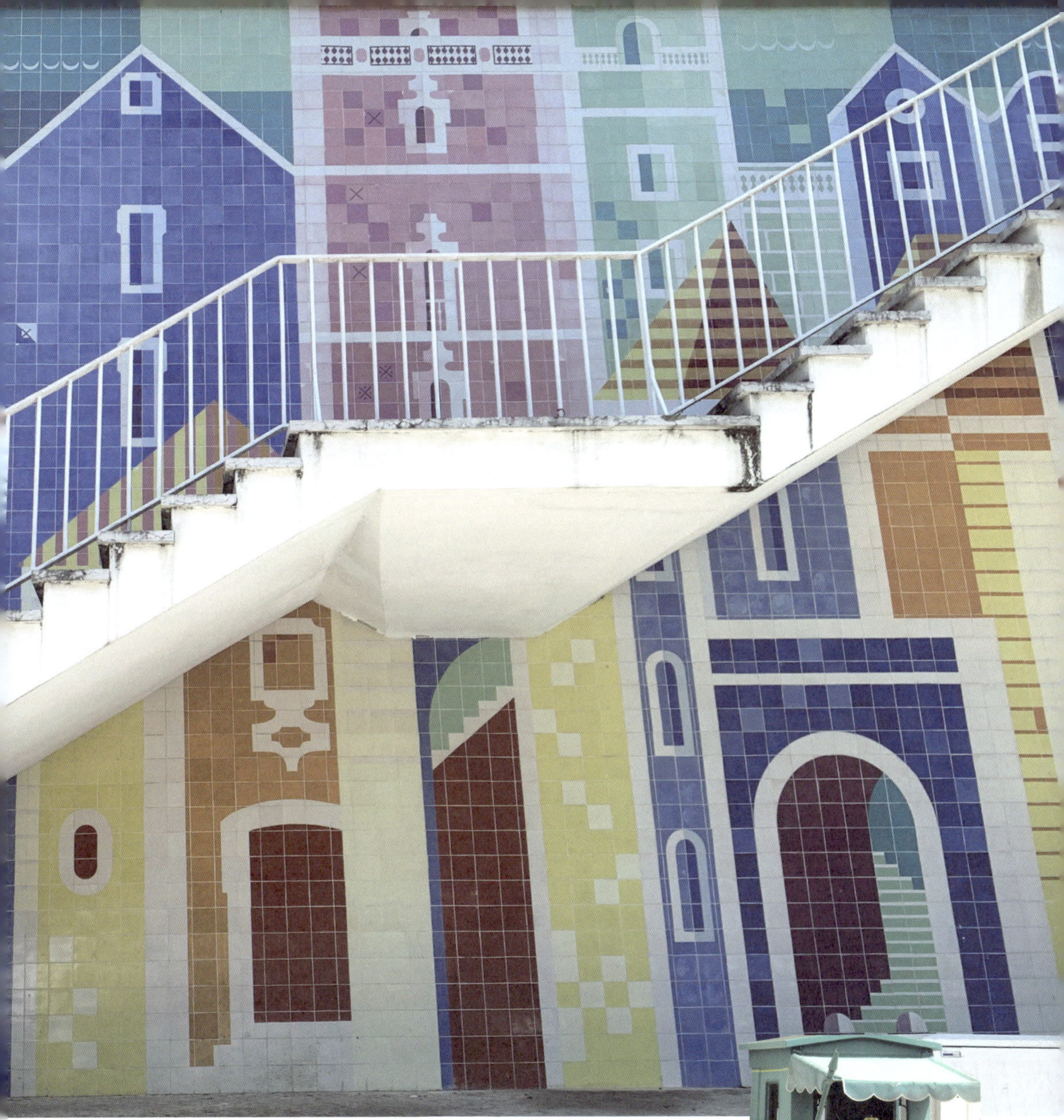

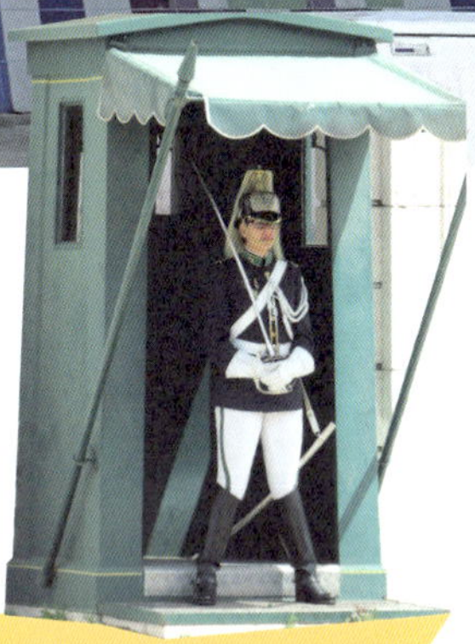

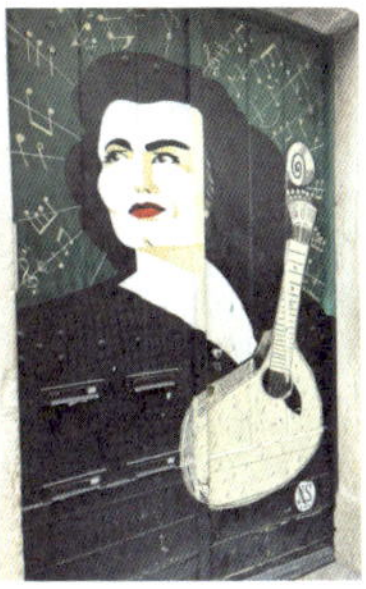

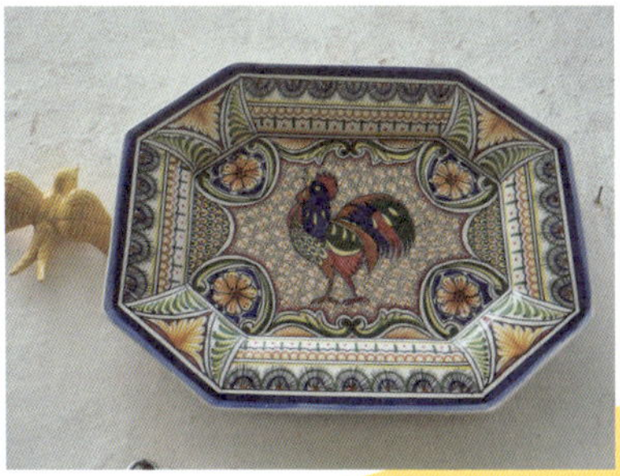

磁磚畫 Azulejo Português

葡 國 藝 術 饗 宴

　　從里斯本到葡萄牙全國街頭，磁磚畫是無處不在且享譽全球的藝術形式。磁磚為一種燒製的方型陶瓷片，基本有單色、多色、光面、浮雕等 4 種款式，表面覆蓋琺瑯保護層，賦予明亮光澤和防水功能。磁磚畫的主題涵蓋神話場景、宗教故事與歷史事件，廣泛應用於教堂、宮殿、花園及民居的牆面、天花及地板，為建築增添美觀的裝飾元素之餘，亦蘊含保護建物的實用功能。

　　Azulejo 一詞源於阿拉伯語 الزليج，意指拋光小石頭，概念來自模仿東羅馬帝國的拜占庭馬賽克。磁磚畫的製作技術與繪畫技巧源於曾占領伊比利半島的摩爾人，他們將調製均勻的黏土一次性燒製後，於坯體覆蓋不同金屬混合的釉料液體，諸如：鈷（藍色）、銅（綠色）、鐵（黃色）、錫（白色）及錳（棕或黑色）等，第二次燒製時，就可獲得相對應色彩的成品。14 世紀前後，西班牙富戶愛好運用磁磚畫裝飾住宅，導致需求量大增，從而使南部城市塞維亞（Sevilla）成為磁磚生產重鎮。為提高磁磚圖案的純淨度，工匠改進原本的上色技巧，令顏色不會在燒製過程中相互滲透。1503 年，葡萄牙國王曼努埃爾一世（Manuel I）在訪問塞維亞後，即將此技術引進葡國境內。審美觀念上，葡萄牙人相當程度繼承摩爾人的「留白恐懼」，習慣將花磚覆蓋整面牆壁，體現「密集便是美」的理念。尺寸方面，磁磚早期沒有標準規格，至當地工廠為因應增產和便於混搭運用等需求，於 16 世紀起將方形尺寸規範在 13.5 至 14.5 公分間，並一直延續至 19 世紀。

磁磚畫雖是鄰國舶來品，卻在葡萄牙落地生根並發揚光大，不僅增添更多繪圖素材，還隨地理大發現傳播至世界各處，其中也包括曾經的殖民地──澳門。漫遊里斯本，磁磚畫實屬「抬頭不見、低頭見」的司空日常，無論是舊城區街頭、老教堂的傳統花樣，還是各地鐵站及費爾南多王子大道（Av. Infante Santo）周邊的新潮創作，都令人目不暇給，獨特而專精的魅力，正是葡萄牙成為磁磚畫故鄉的深厚底氣。

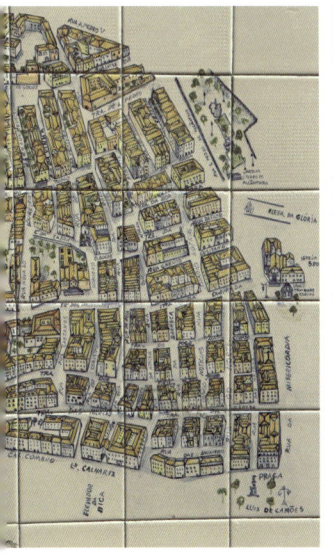

葡式蛋塔 Pastel de nata

源於葡萄牙的世界級甜點

　　葡式蛋塔為葡萄牙代表性甜點，深淺不一的焦糖燒烤表面與多層次的爽脆酥皮為其特色，儘管糕點及咖啡店均有供應，卻唯獨擁有原始配方的貝倫烘焙坊（Pastéis de Belém）製作的才能稱作「Pastéis de Belém」。回顧葡式蛋塔的誕生，與18世紀前後，葡萄牙修道院慣用大量蛋白漿洗衣物的作法息息相關，當時修士、修女會將取走蛋白後剩下的蛋黃製作成糕點。為此，修院創造不少以蛋為材料的甜點，如耶穌枕頭、蛋黃糖等，一些隱修院亦靠販售糕點補貼生活費，眾「廢物利用」的美味中，也包括席捲全球的葡式蛋塔。

里斯本探索旅圖

-12-

隨著 1820 年葡萄牙自由革命，宗教團體被迫解散，修道院與教堂前途未卜。貝倫熱羅尼莫斯修道院（Mosteiro dos Jerónimos）的修女們為維持生計，選擇拿出看家本領，對民眾出售自製蛋塔，獨特美妙的滋味旋即引發瘋搶。當修道院於 1834 年被迫關閉後，她們就把配方售予葡萄牙甘蔗煉糖廠老闆 Domingos Rafael Alves，3 年後，此人就在附近開設蛋塔專賣店，這便是遊客必訪的貝倫烘焙坊前身。時至今日，蛋塔的原始配方已申請專利，由其家族後代繼承，保存於祕密房間內。

　　葡式蛋塔製作的基本材料，包括：牛奶、檸檬、蛋、糖、肉桂與按比例混合奶油、麵粉所揉製的酥皮，糕餅師先將調製滑順香濃的奶醬，注入襯有酥皮底的單獨模具中，再以高溫快速烘烤熟成。葡式蛋塔的美味訣竅在「趁熱食用」，依照個人喜好撒上肉桂或糖粉，與濃縮咖啡（Bica）搭配入口，苦甜交融、風味更勝。基本上，正宗葡國版的塔芯甜度較高、質地偏向卡士達而非布蕾，塔皮則屬酥脆有層次。

　　1998 年，寶島曾掀起葡式蛋塔狂潮，幾乎每週都有專賣店開幕，同時吸引大批排隊人龍。儘管已成過眼雲煙，幸有肯德基憑硬實力保住葡塔香火。基於這份「人盡皆吃」的熟悉感，致使但凡赴葡萄牙旅行的台灣人，皆會拿嘴裡的「元祖葡式蛋塔」與家鄉的速食店熱賣款做比較。或許是因地制宜更得人心，大家雖不否認元祖店的美味，但多還是站在內餡相形軟稀、蛋香更添明顯的「肯德基爺爺」一邊……歸結寶島饕客，口味偏向肯德基版葡式蛋塔的原因，主要源於亞洲常見的「葡式蛋塔」，其實是住在澳門的英國人安德魯（Andrew Stow），將葡塔融合英式蛋塔作法後、於 1989 年量產的混血種。他在保留葡式蛋塔焦糖黑斑與多層次酥皮的前提下，棄用吉士粉並減少糖量，如此塔芯不僅保有蛋香，也具有較不膩口的流動感，而肯德基使用的配方，正是購自安德魯前妻——瑪嘉烈，兩者同為澳門知名葡式蛋塔品牌，口味基本相仿。

- 13 -

豬扒包 Bifanas

單純美味不簡單

　　澳門招牌人氣美食——豬扒包，歷史與葡式蛋塔相同，都可追溯至她曾經的宗主國——葡萄牙。簡言之，豬扒包就是「將醃漬里肌肉片煎滷後夾入熱麵包」的類潛艇堡速食，既是能帶著走的止餓點心，也是可店內品嘗的輕簡午餐，屬要價台幣百元內的 B 級平民珍饈。一個合格的豬扒包，需包含麵包外脆內軟、豬排厚實軟嫩的雙重口感，喜好多層次複合滋味的朋友，還可加入黃芥末或 Pri-pri 辣油以增添風味。談到豬扒包的起源，葡萄牙民眾至今仍莫衷一是，唯都認同是來自中部阿連特茹大區的小城新文達什（Vendas Novas），當地有多間餐館聲稱是「豬扒包創始店」。隨著豬扒包的廣受歡迎，如今葡萄牙從北到南，均可見遵循傳統或進階版的 Bifanas。

　　里斯本最常見的豬扒包為經典肉排款，製作流程如下：首先，將切片敲薄的豬腰或里肌肉，浸泡在混白葡萄酒、大蒜、辣椒粉、月桂葉、鹽、胡椒粉等綜合調味料的醬汁中，放入冰箱靜置一晚。隔日，煎鍋中放入橄欖油、奶油燒熱，把瀝乾的豬排放進鍋中，兩面各煎 1、2 分鐘，至肉排呈現淺金黃色後取出備用。將醃漬醬汁倒入鍋中煮沸，放回肉排，以慢火燉煮至醬汁變稠即可。收到訂單後，把麵包塗抹奶油，烘烤至表層裂開，趁熱夾入多汁的豬排就告完成。另外，有別於里斯本等葡國南部的清新路線，波爾圖等北方城市則常見夾入起司、手撕豬肉、炸豬排等豐富餡料，再淋上醬汁的豪華版，形成複合多元的味覺體驗。

沙丁魚 Sardinha

新鮮吃、裝罐吃、天天吃

造訪葡萄牙，除嘗試或煎或烤的新鮮沙丁魚料理、花樣調味的沙丁魚罐頭，亦不會錯過由此延伸的文創伴手禮，舉凡：沙丁魚造型磁磚、杯墊、T恤等族繁不及備載。無處不在的沙丁魚，恰恰反映葡萄牙民眾對這項食材的喜愛，以及牠在美食文化中的崇高地位。濱海的葡萄牙自古以來即十分依賴海洋，便於捕撈的沙丁魚因易於取得而廣受歡迎。不僅如此，每年6月13日的聖安東尼日（Santo António de Lisboa），里斯本當地還舉行規模盛大的沙丁魚節，眾人聚在一起邊吃烤沙丁魚，邊聽漁夫分享沙丁魚的故事。

沙丁魚是一種富含必需脂肪酸DHA、數量龐大的小型魚種，是大型魚類、海鳥、養殖魚及人類的營養來源，「沙丁」是因首次在義大利薩丁尼亞捕獲而得名。葡萄牙為沙丁魚的主要消費國，全國每年捕獲超過六萬噸的沙丁魚，烤沙丁魚是當地最常見的菜餚，人們習慣以刀叉將魚肉自魚骨剃下再細細品嘗。除新鮮食用，葡國也擁有悠久的沙丁魚罐頭製作傳統，早在19世紀末已開設首間罐頭工廠。第一及第二次世界大戰期間，沙丁魚作為重要戰備食物，罐頭產業又獲得進一步發展，葡萄牙亦由此竄升為世界主要生產國。現今超市販售的沙丁魚罐頭，魚種為沙丁魚屬的沙丁魚和鯡魚，高品質的罐頭通常會去除魚頭、魚鰓和內臟，再以油或特製醬汁醃漬後密封保存。里斯本市內經常可見美輪美奐的罐頭專賣店，唯訂價略高（紀念品店鋪的必然溢價），位於舊城區的「里斯本罐頭工坊」與商業廣場旁的「魚罐頭百貨」，屬踏實經營的店鋪，銷售的罐頭單價在€1.8起。相較擺放精美、視覺效果佳的專賣店，超市所販售的罐頭更是物美價廉，為最接地氣的超值首選。

馬介休（鹽漬鱈魚乾）Bacalhau

傳統料理靈魂、葡國人的最愛

　　光顧里斯本乃至葡萄牙餐館，必見各種以馬介休為食材烹調的主餐料理，手法涵蓋煎煮燉炸蒸，口感時而軟嫩鮮甜、時而Q彈有嚼勁。以馬介休發想的菜式種類多達千餘款，頻繁出現的程度，使它成為葡國人民心目中「忠實的朋友」。馬介休的誕生可回溯至11世紀，維京人將在北海、波羅的海捕撈到的鱈魚風乾後販售至歐洲城市，葡萄牙人約於13世紀開始食用此種魚類。時序邁入15世紀末，葡人在探訪新航線時，途經北大西洋（約是今日的加拿大紐芬蘭島一帶），在此發現為數眾多的鱈魚，便順勢投入捕撈與製作馬介休的工作。漁夫會將鱈魚切去頭部、取出內臟與脊刺，壓成扁平狀以薄鹽醃漬，洗淨後再置於甲板風乾，這也是今日主流的鹽漬鱈魚乾。經過數百年的「浸淫」，馬介休已徹底融入葡萄牙人的飲食生活，輔以天主教信徒周五禁肉與齋戒期的推波助瀾，不在此限的馬介休更成餐桌寵兒。

　　由於外層包裹不少鹽份，烹調馬介休前，需用冷水浸泡1至3天、每日換水2到3次，待恢復魚肉的水潤感與脫去鹽份，再以橄欖油、大蒜、洋蔥、胡椒、Pri-pri辣椒油、月桂葉等烹煮，上桌時可與馬鈴薯、番茄、地瓜、醃漬橄欖、麵包等搭配享用。除將馬介休切塊、撕絲，亦可將其蒸熟後與馬鈴薯泥、洋蔥及蒜末、巴西里、雞蛋等拌勻後包入起司，用兩個湯匙相互交錯塑成橢圓形球狀，入油鍋炸熟，即為隨處可見的傳統美食——鱈魚球（bolinhos de bacalhau，或稱馬介休球）。馬介休料理百百種，有趣的是，葡萄牙人雖是世界上最大的馬介休消費國，卻非自家產的本土貨，而是來自俄羅斯、挪威、冰島的舶來品。葡萄牙市面販售的馬介休大多為裸裝，顧客透過觸摸、嗅聞等方式選購，超市或店鋪亦提供切塊服務。鑑於馬介休是除去內臟的醃製海鮮，屬可攜帶入境台灣的食品範疇。

里斯本探索旅圖

- 16 -

Piri-Piri 辣油

葡萄牙人的銷魂辣味

　　光顧里斯本乃至葡萄牙的餐廳、飯館、快餐店，必可見最受歡迎的 Piri-Piri 辣油。若想換個口味，只需拿起裝著紅色液體的小瓶子，往餐點上輕晃幾下，就能將食物提升至香辣層次。Piri-Piri 源自非洲史瓦希利語，意思是「胡椒」，牛津字典將其歸為外來語，稱是一種「用紅辣椒製作成的非常辣的醬汁」。一般認為 Piri-Piri 辣油所使用的同名辣椒，是葡萄牙探險家將原產於巴西的馬拉蓋塔椒引入非洲領地，經長時間自然演化而成的新品種。此種辣椒在葡萄牙於非洲的殖民地皆有種植，其中以東非莫三比克最為成功。Piri-Piri 辣椒植栽茂密，樹高約 45 至 120 公分，果實與朝天椒頗為相似，口感極其辛辣，辣度在史高維爾指標 5 萬至 17.5 萬度間，是能讓人舌頭灼熱、額頭冒汗的大辣等級。

　　關於 Piri-Piri 辣油的起源有幾種說法，流傳較廣的是葡萄牙人將這種辣椒和他們在印度、亞洲等地貿易獲得的辛香料調和後廣受歡迎，從而開始在各殖民地生產。Piri-Piri 辣油以油為基底，主材料為辣椒、大蒜與紅酒醋或檸檬汁，其他成分還有鹽、高度烈酒、柑橘皮、洋蔥、胡椒、月桂葉、甜椒、羅勒、牛至、龍蒿等。在葡萄牙，Piri-Piri 辣油是醬料亦是醃料，暱稱「霹靂雞」的葡式烤雞（frango piri-piri）可謂代表。儘管葡萄牙人普遍不甚耐辣，卻對 Piri-Piri 情有獨鍾，可能但凡是人，就有不顧後果只求爽快一番的好辣之心。超市與雜貨店內都會陳列數個品牌的 Piri-Piri 辣油，也有以此為基礎的蒜醬混合款或進階特辣款。

「里」有魅力——12 個關於里斯本的亮點

- 17 -

法朵 Fado

葡萄牙的命運之歌

　　富含濃烈情感與個人風格的法朵，也被稱作葡萄牙怨曲或命運悲歌，是葡萄牙最具代表性的音樂類型。Fado 一詞源自拉丁文的「Fatum」（意指命運、宿命），歌手透過歌聲表達由衷的詠嘆，展現壓抑激情、動人心弦的跌宕魅力。薩烏達德（Saudade）為法朵最常被傳唱的主題，它是一種深度複雜的感情狀態──對曾經深愛的某人（或事物）懷抱思念，擺盪於期待再見又深覺此生無望的矛盾，從而萌生愉悅與憂鬱並存的心理活動，複雜心緒或可以「痛並快樂著」形容。

　　關於法朵的源頭有多種說法，可能來自曾經的殖民地巴西、非洲或受摩爾人音樂的影響，亦有指是誕生於葡國本土，即里斯本歷史與文化融合的結果。可確定的是，法朵於 19 世紀中，在阿爾法瑪舊城區的水手、妓女等城市工人階級間廣泛流傳，形成深植日常娛樂的次文化。擁有一半吉普賽血統的傳奇歌手 Maria Severa Onofriana（1820-1846，26 歲死於中風與肺結核），為當時最知名的法朵歌手，她也被視為里斯本法朵的奠基者。

法朵的歌曲型態須遵守一定的結構，主要特徵為善於運用彈性速度（Rubato），使其擁有獨特的節奏韻味。內容除以苦難哀傷、貧困掙扎、渴望愛情為主軸，也有具諷刺意味或帶動歡樂氣氛的輕快題材。法朵的音樂走向，主要取決於歌手的即興發揮，演奏者也會循當下氛圍給予回應，適時改變旋律強弱或節拍速度，令演出更具渲染力。

　　表演形式上，法朵主要有「里斯本法朵」（Fado de Lisboa）與「科英布拉法朵」（Fado de Coimbra）兩種類型，前者為歌手與葡萄牙吉他手、古典吉他手的 3 人組合，聲線或嘹亮婉轉或滄桑低迴，情感既收斂又濃烈；後者則是由穿著科英布拉大學傳統黑色長披肩（Traje Académico）的男性演唱，嗓音或清亮高昂或渾厚飽滿，富含朝氣與生命力。時至今日，法朵已是造訪葡萄牙不容錯過的藝術饗宴，里斯本舊城與上城區有多間提供法朵 Live Show 的餐館，遊客只需付 €50 左右的餐費，即可聆聽專業帶感的現場演唱。

波特酒 Porto + 綠酒 Vinho Verde

葡萄牙的液體國粹

　　波特酒為葡萄牙席捲全球的國粹葡萄酒，它帶有豐富底蘊和層次甘甜，酒精濃度介於 19.5～22.5% 間。不僅風味獨特，還需符合產地（於葡國北部杜羅河谷（Douro Valley）使用當地原產的紅白葡萄釀製）與自波爾圖港出口等要件。波特酒的特色是在釀造過程中添加烈酒──通常是無色無味的新蒸餾白蘭地，以中止發酵進程。如此既可保留酒液中的糖分，增添圓潤厚重的口感，亦有利於長時間儲存。

　　波特酒基本有「瓶陳釀波特酒」與「桶陳釀波特酒」兩類，前者密封於玻璃瓶中，形成徹底與空氣隔絕的「濃縮陳釀」，酒液以極慢速褪色、入口溫潤柔和；後者則密封於木桶中，因可接觸少量氧氣而被稱為「氧化陳釀」，酒液快速褪色的同時，也會蒸發相當水分使其變得黏稠。整體而言，市場上較常見的紅寶石波特酒（Ruby）、粉紅波特酒（Rose）與白波特酒（White）屬「瓶陳釀波特酒」；茶色波特酒（Tawny）、穀物波特酒（Colheita）為「桶陳釀波特酒」。關於波特酒的典故、種類、製作等博大精深，除參與波爾圖當地酒莊舉辦的品酒活動，也可於里斯本市區、商業廣場旁的葡萄牙品酒館（Wines of Portugal）以銅版價淺酌；光顧餐酒館時，也可請侍應給予建議。

　　除馳名全球的波特酒，葡萄牙還有一款適合搭配海鮮與炸物的獨門妙釀──綠酒。綠酒為葡文名 Vinho Verde 的直譯，非酒液為綠色，而是強調它釀造的年輕鮮度與入口的清脆爽度。有別於波特酒，綠酒為加入少量香檳工藝技術的葡萄酒，釀酒師將未成熟的白或紅葡萄，經不完全發酵後，裝入橡木桶內進行二次發酵 3 至 6 個月，待產生微氣泡就可裝瓶上市。如此的釀製過程，使綠酒的酒精濃度僅介於 8.5～11%，入口酸味明顯，富有柑橘及蘋果的甜味與些許氣泡。如同波特酒對產地的要求，綠酒必須來自葡萄牙北部米尼奧（Minho）的 31 個法定產區（Vinho Verde DOC），最佳飲用溫度為攝氏 6 至 10 度，尤其適合夏季搭配海鮮、炸物、壽司等菜式。綠酒在葡萄牙可謂普遍，超市售價不到 €3 即可入手，餐廳亦有供應，唯因酒液含發酵造成的氣泡，購買後為免變質建議盡快飲用。

電車 Elétrico

是交通工具，也是觀光景點

　　里斯本不僅名勝處處，連交通工具──電車，也是遊客趨之若鶩的必搭與必拍景點。里斯本的有軌電車系統始於 1873 年，最初以獸力（馬）驅動，直到 1901 年才改為電力牽引，1950 年代達到高峰時，共有 27 條線路。經過百年演進，有軌電車系統現共有 6 條路線，分別為 12E、15E、18E、24E、25E 和 28E，軌道總長達 53 公里。其中，穿行舊城區的黃色電車 28E 最具復古情調，而經過翻新的多節車廂新式電車 15E，則肩負連結市中心與貝倫的運輸重任。儘管電車的班次與覆蓋網不若公車密集寬廣，卻行經大部分旅遊熱點，對觀光客而言，堪稱品味里斯本風情的最佳選擇。

　　兼具實用及觀賞價值的黃色老電車，不僅是手機記憶體殺手，也是紀念品的「謬思女神」，種類包羅萬象，諸如：印有電車圖案的明信片、磁磚畫、冰箱貼、杯墊、提袋、馬克杯、軟木塞背包、T 恤與復刻模型，以及電車造型鐵皮玩具、現場繪製的水彩畫等。無論是批量生產抑或手工製作，皆凸顯電車之於里斯本的特殊意義。欲進一步認識大眾運輸的前世今生，可於前往貝倫途中順道造訪「Carris 博物館」（Museu da Carris），館內收藏並展示多款已停駛的舊時電車。

軟木 Cortiça

關於軟木的百種應用

　　軟木取自栓皮櫟的外皮，為純天然的材質，具有輕薄透氣、防水柔韌、耐用絕緣、低過敏性等優點。樹木每隔 9 年可採集 40～60 公斤的軟木樹皮，單棵樹平均可剝皮 20 次，屬於持續發展的環保型經濟作物。目前全球軟木產地集中於伊比利半島為中心的西地中海國家，其中一半來自葡萄牙。身為首屈一指的軟木大國，人們運用唾手可得的優質材料，製成服飾鞋包、雨傘帽子甚或筆記本、明信片等包羅萬象的紀念品。

　　發源於里斯本的青創品牌 Pelcor，正是以軟木為創意靈感的時尚生活品牌，曾設有實體店鋪，現以線上經營為主。網頁展示各種以軟木製成的商品，其中又以造型多樣、色彩多元的包款最具代表性，展現軟木大國的奇思妙想。

Pelcor

🌐 www.pelcor.pt
ℹ️ 展示與銷售 Pelcor 設計的軟木產品。

里斯本探索旅圖

- 22 -

葡萄牙花公雞 Galo de Barcelos

象徵正義的烤雞？

遊覽葡萄牙或她曾經的殖民地澳門時，常見印有公雞圖樣與以此為發想的商品，款式包羅萬象，舉凡開罐器、馬克杯、陶瓷擺飾、T恤手帕、杯墊餐巾等不及備載，實屬葡國人民最喜愛的吉祥物。其實，這隻身上畫著紅心、色彩斑斕的公雞，背後隱藏一段類似「竇娥冤」沉冤昭雪的神蹟……

時間倒回15世紀，葡萄牙北部城鎮巴塞盧什（Barcelos）的某位地主家遭竊，居民懷疑嫌疑犯是一名來自加利西亞（Galicia）的男子，當局隨即將他逮捕並判處絞刑。面對指控，男子稱自己是前往聖地牙哥-德孔波斯特拉（Santiago de Compostela）朝聖者，堅決否認犯行。送往刑場途中，他要求面見法官，正巧對方家中舉行宴會，男子便指著餐桌上的烤雞咆哮：「我是無辜的，如同這隻公雞在我被行刑時會啼叫一樣！」本被斥為無稽之談的賭咒，在男子上絞刑台時竟得到印證──香噴噴的烤雞突然抖抖肉身、起身啼叫！法官驚覺錯誤，立即趕赴刑場，幸而男子也因懸吊的繩結沒打緊而逃過一劫，最終獲得無罪釋放。公雞（更準確地說是烤雞）顯靈的消息很快傳遍全國，「巴塞盧什的公雞」也成為人們心目中正義善良、信任公正與好運的象徵，從而成為葡萄牙最具代表性的親善大使。

「里」有魅力──12個關於里斯本的亮點

-23-

6 大露天市集 mercado

時間限定的主題集市

里斯本市內有多個行之有年、每周固定時間營業的特色市集，主題涵蓋跳蚤舊貨、有機農產與葡萄牙風格紀念品、家飾傢俱、杯碗瓢盆、電子設備、各類家電等，包羅萬象。市集多在假日的公園、空地等寬闊處舉行，因商品多元且價格划算而人潮絡繹。在此摘要列出本地最受歡迎的 6 處市集，可依個人興趣準時造訪。

> Part 4「分區『里』解」單元有詳盡介紹喔！

▶ 里斯本跳蚤市場 Feira da Ladra

占地幅員廣大，觀光紀念品、二手工藝品、甜點麵包等應有盡有。

- 📍 Campo de Santa Clara（國家先賢祠周邊）
- 🕐 周二、周六 09:00～18:00

▶ 王儲花園 Jardim do Príncipe Real

販售新鮮蔬果的有機農貿市集，亦有自製麵包、果醬與手作工藝品。

- 📍 Praça do Príncipe Real
- 🕐 周六 09:00～14:00

▶ LX 文創工廠 LX Factory

獨家文創手作、首飾配件、花草植栽、風格古著等。

- R. Rodrigues de Faria 103
- 周日 10:00 ～ 19:00

▶ 周日市集 Feira do Relógio

里斯本最接地氣的生活市集，商品從蔬果、衣飾、家具五金到熟食餐車，攤販綿延逾 2 公里。

- Av. Santo Condestável
- 周日 08:00 ～ 13:00

▶ 埃什特雷拉花園 Jardim da Estrela

老少咸宜的文創工藝品。

- Praça da Estrela 12（鄰近埃什特雷拉聖殿）
- 每月第一個周六（1 月及 8 月除外）

▶ 自由大道 Avenida da Liberdade

攤位種類多元，唯整體較一般跳蚤市場高檔，被譽為市內最豪華的街頭集市。

- Avenida da Liberdade
- 5 月至 10 月每月第二個周六；第四個周六及其前一周四

「里」有魅力——12 個關於里斯本的亮點

- 25 -

Part 2

「斯」訊在手——旅遊攻略全都錄

里斯本又稱葡京，位處葡國中南部、鄰大西洋一側，北倚辛特拉山、南濱太加斯河出海口，為葡萄牙首都、政經中心與最富裕的區域。里斯本總面積 100.5 平方公里（約等同新竹市），都會區常駐人口 287 萬（略多於台北市），市內金融、商業、藝術、旅遊等各層面發展蓬勃，為一座現代化的國際城市。

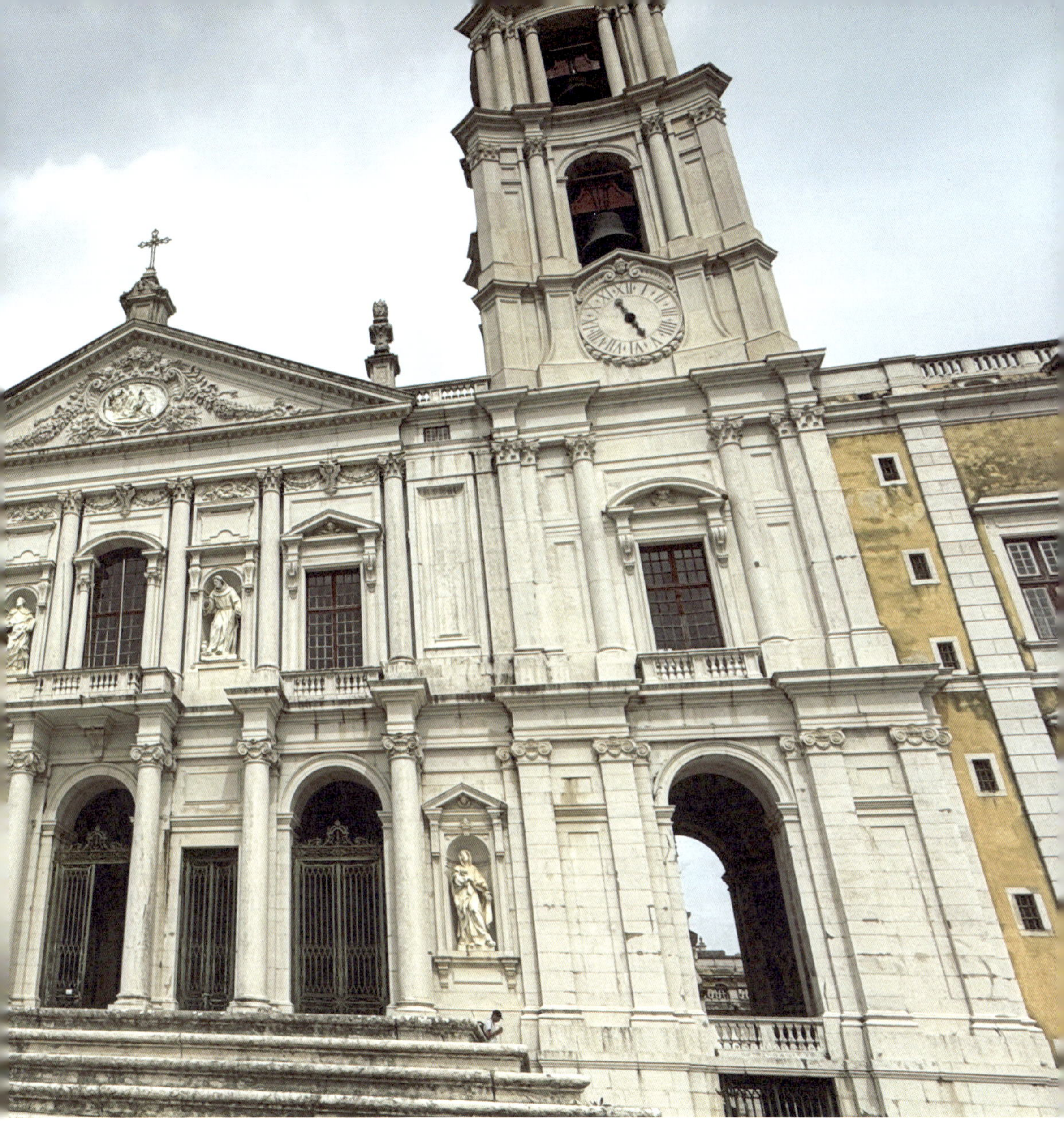

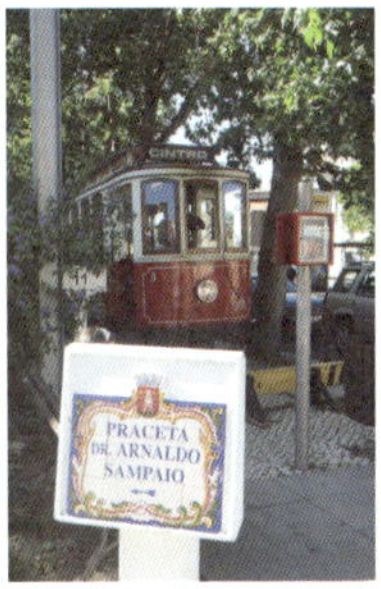
PRACETA
DR. ARNALDO
SAMPAIO

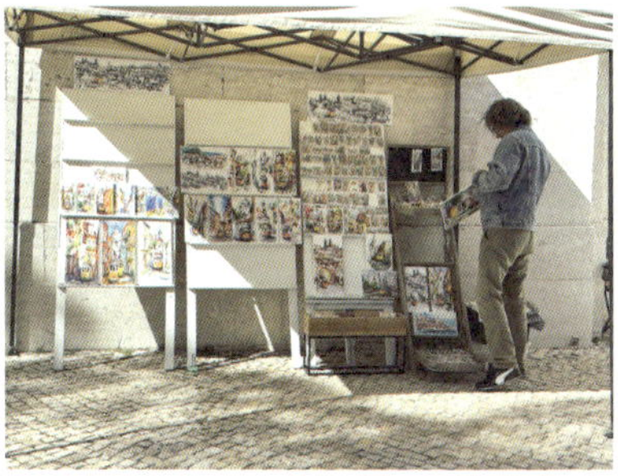

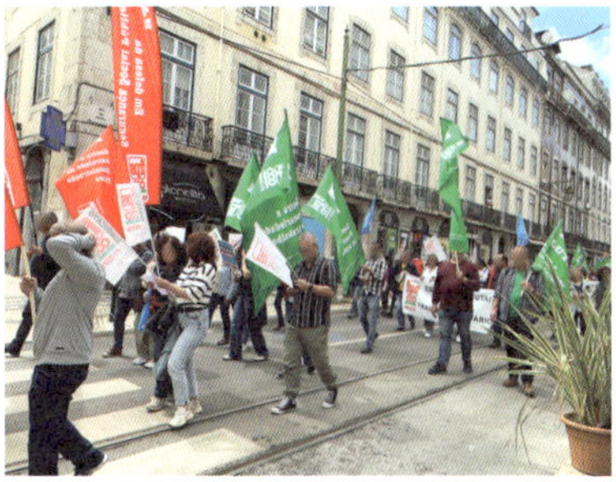

生活在里斯本的居民除稱作 lisboeta（里斯本人），還有一個有趣的綽號──Alfacinha，意譯為「生菜人」。Alfaces 一詞源於葡萄牙語的生菜──Alfaces，以 Alfacinha 代稱里斯本人的「明確文獻」，始見於 19 世紀葡萄牙文學家阿爾梅達·加勒特（Visconde de Almeida Garret）的著作《家鄉遊記》（Viagens na Minha Terra，1846），唯內文並未提到為何以生菜譬喻里斯本人。關於「生菜人」的來源眾說紛紜，除里斯本人愛吃生菜、遭圍城期間只有生菜可吃、山上種滿生菜等直白陳述，最具說服力的解釋應屬：里斯本人很少離開自己的城市，頂多是去教堂虔誠祈禱或參與朝聖遊行，平日就像附著在地上的生菜，不會亦不願離開。進一步延伸，就是里斯本人喜歡待在家鄉，因為在他們心中，這裡便是世界上最好的地方。

旅遊季節

　　里斯本屬亞熱帶地中海型氣候，春季日夜溫差大、偶有陰雨，夏季天氣晴朗、高溫乾燥，秋季雨量增多，冬季濕冷多雨。整體而言，里斯本氣溫舒適宜人，氣溫 10 度以下、30 度以上的極端狀態並不常見。除冬季降雨較多，全年陽光充足，溫、濕度皆佳、體感舒適、宜於從事戶外活動。

　　春、夏、秋季造訪里斯本，需格外留意「防曬」。欲前往貝倫區、太加斯河岸等缺乏遮蔽的景點時，建議提前擦抹高係數的防曬乳，戴太陽眼鏡、遮陽帽（陽傘有被強風摧殘的危險），著輕薄防曬外套，同時記得補充水分，避免曬傷或中暑。

貨幣匯率
葡萄牙為歐盟國（Eu）、使用歐元（Euro），€1 約兌換台幣 34～36 元。

公眾假期

葡萄牙共有 13 個法定公眾假期，以及數個「可選假期」（Feriados facultativos）與「市政假期」（Feriados municipais），例如：2 月下旬的狂歡節（Carnaval）雖非強制放假，但部分公司、學校或公務機關仍給予例休。節假日期間，部分觀光景點會提早關門甚至暫停開放，大眾運輸同樣有縮短營運、減少班次、拉長班距等彈性安排。

葡萄牙的公眾假期

日期	節日名稱（葡文）	中文譯意
1 月 1 日	Dia de Ano-Novo	元旦
3 月下旬或 4 月	Sexta-Feira Santa	耶穌受難日
	Domingo de Páscoa	復活節
4 月 25 日	Dia da Liberdade	自由日，紀念 1974 年康乃馨革命
5 月 1 日	Dia do Trabalhador	勞動節
5 月或 6 月	Corpo de Deus	基督聖體聖血節
6 月 10 日	Dia de Portugal	葡萄牙國慶日、愛國詩人賈梅士忌日
6 月 13 日	Festa de Santo António	聖安東尼瞻節（僅適用於里斯本）
8 月 15 日	Assunção de Nossa Senhora	聖母蒙召升天節
10 月 5 日	Implantação da República	共和國日，紀念 1910 年推翻君主制
11 月 1 日	Dia de Todos os Santos	諸聖節（又稱萬聖節）
12 月 1 日	Restauração da Independência	光復日，紀念 1640 年脫離西班牙統治的葡萄牙王政復辟戰爭
12 月 8 日	Nossa Senhora da Conceição	聖母無玷始胎節（又稱聖母無原罪日）
12 月 25 日	Natal do Senhor	聖誕節

海關檢查

持效期 6 個月以上的中華民國護照，可免簽證入境含葡萄牙在內的歐盟國，停留時間為任何 180 天內不能超過 90 天。須注意的是，為減少具威脅性的外國訪客進入歐盟、加強邊界安全，歐盟規定免簽國公民進入申根國家旅行前，必須提前至「歐洲旅行信息和授權系統」（簡稱 ETIAS）填寫完整資料，收到旅行授權確認後，才能獲准入境。「ETIAS」預計於 2025 年中正式施行，線上辦理需繳納 €7（約台幣 250 元），授權期限為 3 年（護照效期未達 3 年者，即於護照到期時終止）。

入境時，邊境海關會核實「ETIAS」申請編號與護照等相關文件，有的直接蓋章放行，有的簡單詢問旅遊目的、預計停留時間等，基本上多數旅客都可絲滑通關。如海關有所疑慮，會進一步要求提供旅館訂房紀錄、回程機票、足夠維持歐遊期間的生活費、申根保險等資料。若缺少相關佐證資料或內容虛假，即存在被遣返的可能。為免溝通失誤，請備妥以下文件供海關抽驗：

1 有效期限內的中華民國護照（離開申根國當日仍有 3 個月以上效期）
2 旅館訂房確認紀錄（英文）
3 申根保險證明書（英文）
4 回程機票
5 足夠維持歐遊期間的生活費（現金、信用卡），以平均一日 €70 左右推估

申根保險

　　申根保險為自《申根公約》延伸而來、符合申根國規範的醫療保險，雖未強制免簽旅客購買，海關卻可以「沒有保險證明」為由拒絕入境。在台灣，多間保險公司提供申根保險套餐組合，無論細節如何，基本條件都會包含：保障期限涵蓋申請人預計停留時間、保險需在所有申根會員國內有效、保險給付額度最少須高於 3 萬歐元、醫療費用由保險公司直接給付歐洲當地醫療機構（不接受被保險人先墊付費用，返國後再向保險公司請領代墊費用）、保險公司在申根區內設有聯絡點等內容。

申根保險的主要特色在「醫療保障」的給付額度較高，並且包含傷害醫療、海外突發疾病及海外急難救助等附加項目，簡言之，只要購買涵蓋上述條件的旅遊平安險即可。保費部分，各保險公司官網均有完整介紹，一般 8～14 天的費用約在台幣 1,200～1,800 間，旅行天數越多、保障範圍越完善、理賠金額越高則保費越高。完成投保後，務必索取英文投保證明，隨身攜帶保險公司的海外急難救助卡、24 小時緊急聯絡電話，以備不時之需。

時差

　　葡萄牙（GMT+0）與台灣（GMT+8）時差 8 小時，即台灣時間 1 月 8 日凌晨 4 點、葡萄牙則為 1 月 7 日晚間 8 點。葡萄牙於 3 月最後 1 周至 10 月最後 1 個周日進入「夏令日光節約時間」（GMT+1），時間調快 1 小時，與台灣時差縮減為 7 小時，即台灣時間 8 月 8 日凌晨 4 點、葡萄牙則為 8 月 7 日晚間 9 點。此外，西班牙（GMT+1，夏令時間 GMT+2）與葡萄牙有 1 小時時差（葡萄牙中午 12 時，西班牙為下午 1 點），往來兩國、特別是訂購航班車票時，請務必留意。

Part 2　「斯」訊在手——旅遊攻略全都錄

-31-

電壓插座

電壓 220V、圓頭雙孔型插座。因插座多為「圓形凹槽」設計，如轉接頭插腳不夠長或轉接頭太大，就有易於鬆脫甚至無法使用的問題。筆者經驗是，坊間常見長方形旅行萬用轉接頭，就有插腳略短導致可以充電卻難以插緊的缺點，須經常留意轉接頭是否掉落。另外，因應隨身電子設備增加，建議至少準備 1 條多插座與 USB 插孔的防過載延長線。

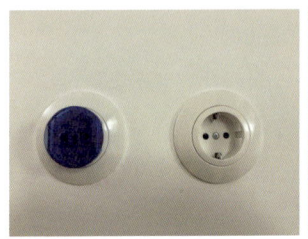

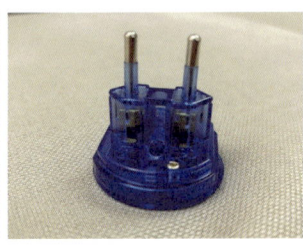

營業時間

葡萄牙人的午餐時間通常是中午 12 點至下午 2 點，晚餐為 7 點半以後，約 8 點才陸續湧現人潮。私人店鋪與政府機關都十分準時，結束營業前 30 分鐘，就會進入「準下班模式」——店員專注盤點架上商品，餐館收拾桌椅與關閉部分照明，博物館等景區管理員會將大門關閉一扇。遊客造訪各景點，若未在表定關門時間前 30 分鐘到達，就得有吃閉門羹的心理準備。

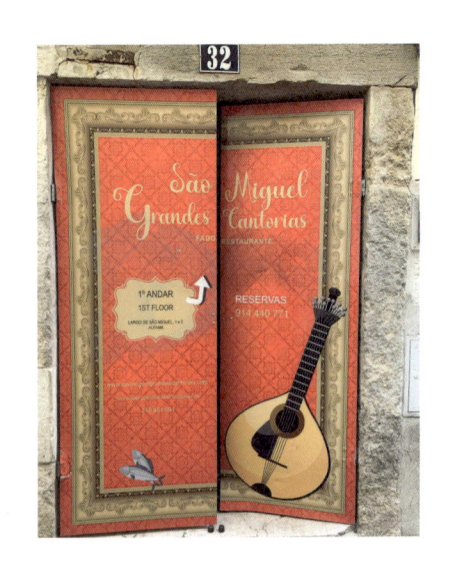

小費指南

葡萄牙有給小費（Tips）的習慣，基本上，乘坐計程車時小費是車資的 5～10%（或不收找零），飯店內服務生運送行李一件 €1～€2，餐廳或咖啡館（自助餐除外）則為餐費的 10%。若以信用卡支付，店員會請您自行輸入小費 % 數或金額。當然，小費是一種約定俗成的概念，金額高低、給與不給全然操之在己。

關於用餐方面，包括葡萄牙在內的歐洲餐館大多有不點自來的「麵包費」。也就是，客人入座後侍應就自動送來麵包、奶油、橄欖、火腿、起司等盤裝輕食，這些食物並非贈送，而是會收取 €5～€20 的餐費。如不欲食用，要即刻請對方收回（少數侍應可能面露不快），以免結帳時造成糾紛。葡萄牙的餐館多採單點制，主餐與附餐均分開點購與計價。主餐用畢，服務生會在收取餐盤時，詢問需要何種飲料與甜點？態度自然地彷彿包含在餐點內，但除非是板上釘釘的套餐，這些附餐均得額外收費。此外，多數餐館不提供免費飲水且禁帶外食，如想要喝點什麼，就得點一瓶礦泉水或可樂、紅白酒等飲品。

飲用水

　　葡萄牙的水質已達國際標準的生飲等級，話雖如此，為免旅途中腸胃不適，還是將自來水煮沸或購買包裝礦泉水最為保險。包裝水的種類有氣泡與非氣泡兩種，有氣泡為 com gaz、普通水是 sem gaz。

廁所提示

　　里斯本乃至葡萄牙的公共洗手間頗為常見，部分車站、公園亦設有每次 €0.5～€1 的投幣式（有的也接受刷卡）付費廁所。鑑於觀光旅遊日益發達，售票景點、博物館、大型商場或大型轉運站、廣場、休息站等公共場域，亦常見免費化妝室。除跟隨路標指示，也可下載「Flush Toilet Finder & Map」等免費 APP，獲得即時的公廁位置訊息。

　　無論收費與否，當地廁所基本乾淨衛生，並置有衛生紙。需留意的是，里斯本部分下水道陳舊，如見「衛生紙不可丟馬桶」的標示，請務必遵守，以免導致下水道阻塞。

步行距離

　　里斯本市區坡多蜿蜒，高低落差明顯，顯示同樣 300 公尺的距離，下坡是輕鬆愜意的 3 分鐘，上坡就為氣喘吁吁的 6 分鐘，連續陡坡更加耗時費勁。本書內文標註自地鐵或電車站至景點的數據，是以兩點距離為主，難以涵蓋上、下坡等地形因素，實際狀況需視個人腳程、體力與氣溫等主客觀條件而定。

　　按照筆者經驗，「Google Maps」APP 在里斯本已屬十分準確的暢遊幫手，確定欲造訪的地點後，點擊「路線」就可知道自己與目標的相對位置、距離、所經地形（含上、下坡幅度）等即時資訊。出發前，可先將欲前往的地點「儲存」於 Google 帳戶中，打開地圖就會顯示註記，便於隨時找查。安排行程時，建議先乘車至相對高點，再循緩坡徒步往下，既省時間亦省腿力。

觀光巴士

　　包含里斯本在內的葡萄牙各主要觀光城市，皆有專為旅客設計的敞篷雙層觀光巴士，人們可依據個人興趣、停留時間，選擇不同公司、不同主題的路線。觀光巴士主要有 24 與 48 小時兩種票券，期間可無限次數自由上落，觀光區售票亭、旅客服務處、旅館等均提供售票服務。

　　以里斯本最常見的黃巴士（Yellow Bus）為例，車輛多以無花果廣場（Praça da Figueira）為起訖點，24 小時與 48 小時車票分別是 €21 和 €27，營運時間為上午 9 點至傍晚 7 點，平均 25～45 分一班。除敞篷雙層巴士，還有行駛電車 28E 路線的紅色觀光電車，24 小時票價為 €25。里斯本市內不乏這類專業旅遊導覽公司，單單一間黃巴士，就提供不下十餘款遊覽組合，還可依照個人需求客製化私人行程，詳情請見官網。

旅遊導覽公司官網 ▶

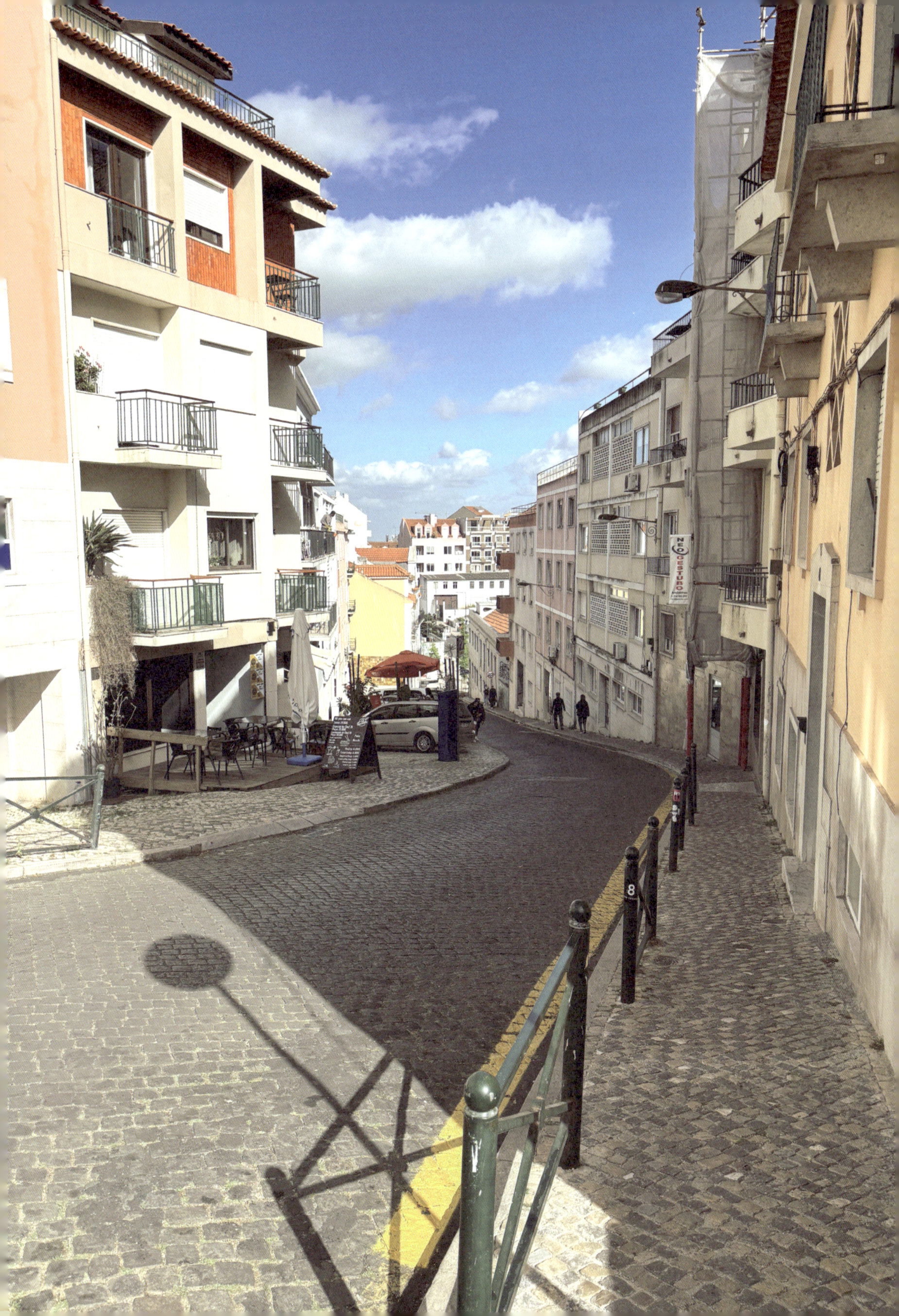
NEO GESTURO
8

Yellow Bus 熱門行程

1 貝倫和現代巴士之旅（Belém & Modern Lisbon Bus Tour，48小時、票價€28）：可自由搭乘「貝倫線」（車程1小時50分）與「現代線」（車程2小時）兩款觀光巴士，兩者皆以無花果廣場為起訖點，前者經城市西郊駛往貝倫區各主要景點，後者則循自由大道開往東郊萬國公園新興區。除乘坐觀光巴士，期限內還可免費乘坐聖胡斯塔電梯、升降機與電車。

2 貝倫巴士之旅（Belém Lisbon Bus Tour，24小時、票價€22）：可自由搭乘「貝倫線」（車程1小時50分）觀光巴士，車輛以無花果廣場為起訖點，經城市西郊駛往貝倫區各主要景點。除乘坐觀光巴士，期限內還可免費乘坐聖胡斯塔電梯、升降機與電車。

3 紅色觀光電車之旅（Hills Tramcar Tour，24小時、票價€25）：於商業廣場上車，基本循電車28E路線行駛（車程1小時40分），行經埃什特雷拉聖殿、希亞多、里斯本主教座堂、太陽門觀景台。觀光電車營運時間為每日10點至傍晚6點、平均半小時一班，行程屬不間斷遊覽，不得中途上下車。除乘坐紅色觀光電車，期限內還可免費乘坐聖胡斯塔電梯、升降機與電車。

4 黃船之旅——太加斯河遊船（Yellow Boat Tour，24小時、票價€24）：可自由搭乘航行於太加斯河的觀光黃船（船程1小時30分），起訖點為商業廣場臨河處的Terreiro do Paço渡輪碼頭，航行至貝倫區MATT後折返。黃船每日4班、平均2～3小時一班。除乘坐觀光黃船，期限內還可免費乘坐聖胡斯塔電梯、升降機與電車。

5 巴士與電車（Bus and Tram，48小時、票價€38）：貝倫和現代巴士之旅＋紅色觀光電車之旅的組合票。

6 4合1（All in One，72小時、票價€47）：貝倫和現代巴士之旅＋紅色觀光電車之旅＋黃船之旅的組合票。

▶ 黃巴士 Yellow Bus

www.yellowbustours.com

提供里斯本、波爾圖、布拉加、科英布拉、吉馬良斯、阿威羅等葡萄牙主要旅遊城市的公眾及私人訂製觀光行程。

紀念品

　　里斯本市中心（特別是主要觀光區）經常可見紀念品店，有的專注經營單一種類商品，有的包山包海、要啥有啥，有的是不講究擺設的雜貨店風，有的是注重營造氛圍的文青路線。基本上，里斯本乃至葡萄牙的紀念品，多為別具特色的傳統工藝品，諸如：磁磚畫、天主教聖物、陶瓷器品、海鮮罐頭、軟木衍生品，或以葡萄牙花公雞、黃色電車、沙丁魚為發想的項鍊、磁鐵、陶瓷湯匙、圍裙、手袋、麵包切板、布匹等各種周邊。除少數品牌限定的聯名款，其餘無論設計、款式可謂大同小異，建議入手前多看多查價，再擇一貨色齊全、售價實在、老闆親切的有緣店家集中選購，如此也可獲得較優惠的價格。

　　需留意的是，根據航空規範，葡萄酒、橄欖油等液體必須妥善包裹後置於託運行李，沙丁魚罐頭等密封罐單品重量未達 150 克的允許手提上機，超過同樣需要託運。

- 37 -

▶ 紀念品一條街

- 📍 R. Barros Queirós
- 🕘 09:00～22:00
- 🚇 地鐵綠 Rossio 站往北 150 公尺
- 🏛 聖多明我堂、瑪麗亞二世國家劇院、無花果廣場
- ℹ️ 徒步街內有多間紀念品店，價格優惠、種類繁多。

▶ Lisbon Craft

- 📍 R. dos Fanqueiros nº 90 92
- 🕘 10:00～20:00（周一、周二提早至 19:00 關門）
- 🚇 電車 28E 至 R. Conceição 站往北 100 公尺；地鐵藍 Terreiro do Paço 站西北 600 公尺
- 🏛 奧古斯塔商業街、里斯本罐頭工坊

訂房建議

　　里斯本市區的住宿價位，在歐洲主要旅遊城市中可稱實惠，房價因淡旺季而有差異，旺季以 7、8 月暑假為中心，自 4 月開始逐步調升；淡季為 1 月、2 月，自 10 月開始漸趨下滑，若逢聖誕、新年等重要節假日亦水漲船高。除支付房費與稅金，里斯本市政府另針對 13 歲以上的旅客，收取每人每晚 €2 城市稅（最多收取 7 晚，北邊大城波爾圖亦若是）。如確定造訪時間，可先透過 Agoda、Hotels.com、Bookimg.com 等網路平台或旅社官網訂房，有較多選項與價格優惠。

　　里斯本住宿種類基本有公寓式旅館（Apartamentos）、一般飯店（Hotéis）、青年旅館（Hostels）等 3 類，遊客可依據預算及偏好選取。占比頗高的公寓式旅館，常附有客廳、簡易廚房、洗碗機、洗衣機等家電設備及鍋碗瓢盆、油鹽調味料等備品，活動空間充足，房價較同位置的一般飯店相當或略低。儘管優點不少，但由於無 24 小時前台服務且位於普通公寓或大廈內，需事先與房東約定入住時間，當面領取鑰匙、透過 E-mail 或通訊軟體取得密碼鎖號碼（過程類似尋寶遊戲），再依循書面指導覓得住宿點。入住後產生的問題，包括：垃圾處理、沒有熱水、電器故障、窗簾卡死、停水停電等，則需透過 WhatsApp 等通訊軟體或電話聯繫，多久回覆與獲得解決？端視房東是否積極處理。下訂前可參考網友評價以趨吉避凶，評價超過 8.5 分的住宿，態度都屬積極親切。

相形之下，一般飯店全日 24 小時有櫃台人員駐守，凌晨退房或寄存行李都較為便利，房內清潔與垃圾處理亦屬每日皆有。缺點則有，平均房價較高、房間坪數小，僅配備小冰箱、熱水壺、咖啡機等電器（也可能全都沒有）。大致來說，市中心的公寓式旅館與一般旅館，符合乾淨清潔安全便利等要求的雙人房，在非暑假的月份為 €100 起。至於背包族最愛的青年旅社，則有位置頗佳、價格偏低（單床位約需 €40）等優勢，唯得與 6～10 人同房（即 4 或 5 張上下鋪），私人用品需存放於自備鎖頭的置物櫃，與陌生人輪流共用衛浴設備等不便，適合不排斥團體生活、樂於與各國旅人交流的背包客。

住宿區域方面，基本與觀光景點的密集度成正比，也就是，景點越多越適宜入住。只是，旅遊熱點必然房價偏高，雖不乏高性價比的住宿選項，卻也更加熱門。如每日每人預算在台幣 3,000 以上（即標準雙人房 6,000 以上），建議以最便捷的龐巴爾下城區（Baixa）、羅西歐廣場（Rossio）與希亞多（Chiado）周邊為搜尋重點，阿爾法瑪舊城區（Alfama，特別是 28E 沿線）也可列入考慮，唯此地路面起伏、石子路多，拖行李徒步實屬不易。至於酒吧群聚的上城區（Bairro Alto），除同樣有坡多導致搬運麻煩的缺點，晚間亦存在治安隱憂（主要是酒醉者的恣意咆嘯或擦槍走火的肢體衝突）……如何在便捷、舒適、安全與價位間取得平衡，可參考以下的分區評比，先從中尋找適合自身需求的區域，再結合 Google Maps、Booking.com 等網路評價分數綜合考量，選出趨近理想的住宿地點。

- 39 -

里斯本住宿區域評量

區域	價位	交通	便利	安全	舒適	加總
阿爾法瑪舊城區 Alfama	1.5	4	4	4	4	17.5
龐巴爾下城 Baixa	1	5	5	4.5	4.5	20
羅西歐 Rossio	1.5	5	5	4	4	19.5
希亞多 Chiado	2	5	5	4	3.5	19.5
上城 Bairro Alto	3	4	4	3	3	17
自由大道 Avenida da Liberdade	1	5	4	4.5	4	18.5
市區西郊	3.5	3	2.5	4	3.5	16.5
貝倫區 Belém	2.5	3.5	3.5	4	4	17.5
萬國公園 Parque das Nações	3	2	3	4	4.5	16.5

1 滿分為 5 分，加總分數越高即綜合評價越高。
2 價位與分數呈負相關，分數越高表示平均房價越低。
3 舒適包括周遭環境擁擠、噪音等住宿品質。上城與希亞多部分地區因夜生活豐富而較為嘈雜，需要寧靜睡眠的旅人建議避開。

葡萄牙旅館基本已無提供牙刷、牙膏、刮鬍刀、室內拖鞋等一次性備品，消耗品如：毛巾、沐浴乳（gel de banho）和洗髮精（champô）則仍有供應，住客可依個人習慣自行準備。需提醒的是，多數旅宿業者會在訪客入住前，傳訊或透過電子郵件請您填寫線上 Check in 表格並回傳相關資料，內容包括：所有入住者的英文姓名（與護照相同）、出生年月日、證件號碼（一般填寫護照號碼）、證件發行與有效日期等。由於部分平台會要求上傳證件圖檔（即護照資訊頁），建議先將護照圖檔儲存於手機相簿，以備不時之需。

退稅手續

在里斯本，商店門口貼有「Tax Free」標誌，即表示提供退稅服務。葡萄牙的退稅業務主要有「Global Blue」、「Planet」（大眾熟悉的 Premier Tax Free 為其前身）及「epay」、「travel tax free」等四間負責，退稅基準為同日同店消費滿 €61.5、退稅額度 6～23%（實際到手時還扣除手續費等雜支，例如：書籍與藥品 6%、眼鏡類 13%），需於離開最後一個歐盟國時在機場一併辦理。整體而言，只要合乎標準，都可獲得退稅。如遭到拒絕，基本不脫 4 種可能：文件缺失、退稅金額過高，以及出境日期、航班和退稅單不同、逾時（收到退稅單據後 3 個月內須提交申請），填寫資料時請務必留意。

為改善退稅大排長龍的問題，里斯本機場已簡化退稅流程，由傳統人工蓋印的海關章，改為使用 E-taxfree 退稅機自助退稅的線上審核電子章。唯電子章目前僅限「在葡萄牙購買的退稅商品」，其他歐盟國的退稅單仍需至人工退稅櫃台，依傳統方式經專人審核後施蓋海關章。

辦理退稅步驟

Stept 1　索取單據
結帳時主動向退稅商店提出退稅需求，出示護照並索取退稅單。

Stept 2　填寫單據
依照指示填妥退稅單第 1、2 欄位，第 1 欄為個人基本資料，包括：英文姓名、地址、護照號碼等；第 2 欄是選擇退稅方式，採取現金或信用卡（上述兩欄現多由店家代為輸入），其餘欄位則分別為海關蓋章與辦理櫃台填寫處。整體而言，信用卡退稅金額略高，但所需時間長（約 1～3 個月不等），亦存在不確定性，建議交付前先拍照存底。現金退稅比率較低（手續費高），需抵押信用卡作保，可立即落袋為安，但如後續發現問題，仍會從信用卡扣回。

Stept 3　辦理退稅
離開最後一個歐盟國前，先至航空公司櫃檯辦妥 check in 手續、取得登機牌（或以線上 check in 方式取得電子登機牌），再持「護照」、「登機牌」與「欲退稅商品」至退稅櫃台辦理。海關會視情況向旅客提出檢查商品的要求，雖有退稅商品不可提前開封使用的規定，但衣服、鞋子、皮包一類則存在彈性空間，筆者的經驗是：奢侈品僅需出示商品本身，未要求提供包裝盒或紙袋。檢查無誤後，海關會於退稅單據蓋章，即完成手續。鑑於退稅人數眾多，建議至少預留 1.5 小時辦理。依照退稅商品託運與否，再分為兩種情形：

A 退稅商品需託運
辦理 check in 時先將託運行李過秤、貼行李條後取回。攜託運行李前往「非管制區」的退稅櫃台辦理（辦理登機處 F 區的 89 號櫃台旁），完成查驗後在此將行李託運。
如退稅商品購自葡萄牙，就能透過 E-taxfree 自助退稅機取得「海關電子章」，機器可選擇中文頁面，操作流程如下：

```
掃描護照
   ↓
螢幕顯示可使用 E-taxfree 的免稅品清單
   ↓
點選欲退稅的託運商品後按確認
   ↓
綠色勾代表成功 ／ 紅色畫面（通常是高單價的奢侈品）就需至隔壁人工審核櫃台排隊
```

里斯本探索旅圖

- 42 -

B 退稅商品免託運（放置於手提行李）

辦妥 check in 後，先入「管制區」進行安全檢查，再到設置於管制區內的退稅櫃台辦理。「Global Blue」、「Planet」就位於安全檢查出口對面，「innova」、「travel tax free」則在鄰近 15 號登機口的中央廣場黃色換錢櫃台旁。

基本上，高單價、可攜帶上機的精品，建議盡量手提，以免遭竊或受損。需提醒的是，歐洲的大型機場「管制區」內均設有退稅櫃台，唯少數規模較小的沒有，如擔心影響退稅，請先於退稅公司官網查詢。

Stept 4 提交表格

使用信用卡退稅者，將退稅單放入所附信封，投入所屬退稅公司的郵筒即可，「Planet」是綠色郵筒、「Global Blue」則為藍色。投入郵筒前，請將單據、特別是稅單條碼拍照存證，若時隔 3、4 個月仍無消息，可以此憑證去信退稅公司詢問，通常 1、2 日內就會獲得回覆。若採現金退稅，可持單據至各退稅公司櫃檯領取，「Global Blue」更在管制區內的退稅櫃台旁設置自助退款機，一手掃單據、一手領錢，十分便捷便利。

▶ Global Blue
🌐 www.globalblue.com

▶ Planet
🌐 www.planetpayment.com

▶ epay
🌐 epaytaxfree.com

▶ travel tax free
🌐 www.traveltaxfree.com/en

　　由於里斯本機場是「蓋海關章 → 過安檢 → 辦理退稅 + 店鋪與餐飲店（此處購物依舊可以退稅）→ 護照檢查 → 候機室（此處店鋪較少）」，並非多數安檢與護照檢查一併辦理的連串動線。這樣的「斷開式設計」導致不少旅客完成退稅後，會將時間用於逛店和用餐，忘記自己還未完成「護照檢查」，待察覺時海關處已大排長龍，釀成險些錯過班機的麻煩。有鑑於此，請務必留心登機時間，莫在購物及餐飲區沉溺太久。

- 43 -

緊急聯絡

　　如遇治安、火警與各種危及人身安全的突發狀況，葡萄牙全國報案電話為 112。中華民國政府在葡萄牙設有「駐葡萄牙台北經濟文化中心」（Centro Economico E Cultural De Taipei），辦事處位在里斯本市中心的自由大道旁（鄰近 LV 專門店），國人遭逢護照、簽證問題或遭遇急難等問題，可親往或致電尋求協助。

▶ 駐葡萄牙台北經濟文化中心

- Av. da Liberdade 200
- 周一至周五 09:30 ～ 12:30
- 地鐵藍 Avenida 站東北 150 公尺
- www.roc-taiwan.org/PT
- 專線電話 +351 21 315 1279、行動電話 +351 96 273 5481、葡國境內直撥 96 273 5481，非上班時間僅供急難救助用途（如車禍、搶劫等危及生命安全情況），非重大事件請勿撥打（所有通話均會錄音）；一般護照、簽證事務僅可於上班時間聯繫。

「食」指葡文

　　葡萄牙語屬印歐語系，起源於中世紀加利西亞王國通用的一款通俗拉丁語變體。目前全球主要使用者近 3 億，主要分佈於葡萄牙曾經的殖民地，包括：巴西、莫三比克、安哥拉等國。然而，就如同 1998 年獲得諾貝爾文學獎的葡萄牙作家——喬賽・薩拉馬戈（José Saramago）論點：「沒有葡萄牙語，而有葡萄牙語的語言。」（não há uma Língua Portuguesa, há línguas em Português）也就是，即便聽來是同一種語言，也在各區域發展出因地制宜的變化。

　　里斯本市區的餐館、商店等服務人員多通曉英語，輔以「Google 翻譯」等

app 協助，基本溝通無礙。出發前，可先認識菜單（Ementa）常見的相關食材、食品與料理名稱，省去點餐當下逐一找查的麻煩。

食材與食品類

A 開頭	糖	açúcar
	鹽	sal
	水	água
	大蒜	alho
	蛤蜊	amêijoas
	飯	arroz
	鮪魚	atum
	橄欖油	azeite
	橄欖	azeitonas
B 開頭	馬介休（鹽漬鱈魚乾）	bacalhau
	含酒精飲料	bebidas alcoólicas
	無酒精飲料	bebidas não alcoólicas
	濃縮咖啡	bica
	豬扒包	bifana
	蛋糕	bolo
C 開頭	蝦	camarão
	蝸牛	caracol
	牛肉	carne bovina
	羊肉	carneiro
	鯖魚	cavala
	啤酒	cerveja
	石斑魚	cherne
	透抽	choco
	奶油	crème
F 開頭	溼答答三明治（意譯法國小女孩）	Francesinha
	雞肉	frango

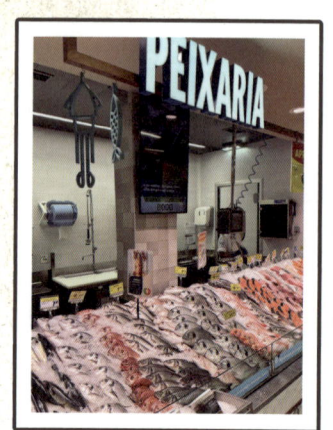

G 開頭	咖啡牛奶（類似拿鐵，將濃縮咖啡和牛奶以 1：3 比例調和）	galão
	冰淇淋	gelado
L 開頭	龍蝦	lagosta
	乳豬	leitão
	烏賊	lula
M 開頭	麵條	macarrão
	蘋果	maçã
	奶油	manteiga
	貝類	marisco
	淡菜	mexilhão
	芥末	mostarda
O 開頭	牡蠣	ostra
	蛋	ovos
	炒蛋	ovos mexidos
P 開頭	鯛魚	pargo
	葡式蛋塔	pastel de nata
	鴨肉	pato
	麵包	pão
	魚	pelxe
	黃瓜	pepino
	胡椒	pimenta
	辣椒	pimentos
	牛扒包	Prego
	豬肉	porco
	章魚	polvo
	火腿	presunto
	生火腿	presunto cru
	布丁	pudim
Q 開頭	起司	queijo
	起司塔	queijada
S 開頭	鮭魚	salmão
	香腸	salsicha
	沙丁魚	sardinhas
	果汁	suco
	柳橙汁	suco de laranja

V 開頭	醋	vinagre
	葡萄酒	vinho
	波特酒	vinho do Porto
	小牛肉	vitela

菜單與料理類

湯品 Sopas	薯蓉青菜湯（葡國國湯）	Caldo Verde
	雞肉粥	Canja de galinha
	每日例湯	Sopa do dia
前菜 Entradas	鱈魚球	Bolinhos de bacalhau
	肉餡可樂餅	Croquetes
	肉餡炸餃子	Rissóis
	章魚沙拉（葡國特色）	Salada de polvo
主菜： 魚類 Peixe 與海鮮 Marisco	蒜蓉香菜醬蛤蜊	Amêijoas à bulhão pato
	海鮮燉飯	Arroz de Marisco
	馬介休乾砂鍋（焗烤馬介休與薯泥、蛋、黑橄欖）	Bacalhau à Gomes de Sá
	薯絲炒馬介休	Bacalhau à bras
	奶油焗烤馬介休	Bacalhau com nata
	烤蝦	Camarão grelhado
	烤沙丁魚	Sardinhas assadas
主菜： 肉類 Carnes	葡萄牙亂燉（葡國國菜）	Cozido à portuguesa
	烤豬肋排	Entrecosto grelhado
	豬肉燉豆類蔬菜	Feijoada à transmontana
	烤雞	Frango assado
甜點 Sobremesas	米布丁	Arroz doce
	烤蘋果	Maçã assada
	蘋果蛋白霜	Merengue de Maçã
	葡式蛋塔	Pastel de nata

延伸路線

里斯本出發的小旅行

里斯本不僅市區景點密集，市郊城鎮同樣繽紛精彩，位於西側的海濱度假小城──卡斯凱什（Cascais）、世界文化遺產兼歷史古鎮──辛特拉（Sintra）、歐洲大陸最西端的羅卡角（Cabo da Roca），豪華宮殿暨修道院馬夫拉宮的所在地──馬夫拉（Mafra），以及葡萄牙最美小鎮──奧比多斯（Óbidos）等，均是值得造訪的觀光熱點。鑑於距離近且交通便利，遊客可視停留時間，安排當日往返或兩天一夜的短居行程。

{ 卡斯凱什 } Cascais

凱斯索德列火車站（Cais do Sodre）乘卡斯凱什線（Linha de Cascais）至卡斯凱什（Cascais），平均 30 分鐘一班、尖峰時間縮減班距至 10 分鐘一班，車程約 40 分鐘，票價 €2.3（可使用 navegante 儲值卡感應付款）。

1870 年代起，卡斯凱什在葡萄牙王室的推波助瀾下，躍居熱門海濱度假勝地。時至今日，該處已發展為整個伊比利半島最富有的城鎮之一，房地產市場與物價指數皆高於全國水平。卡斯凱什所在的海岸線，分布有 17 座海灘，完善的景觀設施與休閒機能，造就舒適便利的高生活品質。

❖ 卡斯凱什城堡 Cidadela de Cascais

建於 15 至 17 世紀的防禦工事，1755 年遭里斯本大地震破壞。1870 年代，國王路易斯一世下令改建為夏宮，1878 年建築群安裝葡萄牙第一批電燈系統。至倒數第二位國王──卡洛斯一世於 1908 年遇刺前，王室成員的 9、10 月都在此度過。

地獄之口 Boca do Inferno

位於卡斯凱什海濱懸崖上的岩石屬碳酸鹽材質，經含二氧化碳的酸雨侵蝕後溶解，再加上海浪經年累月的猛烈衝擊，所形成的洞穴景致。特殊地形導致海水穿越岩洞向上衝擊時，會激起大量白色浪花，彷彿要將道路吞噬、十分壯觀。

▲卡斯凱什城堡

▲卡斯凱什海濱沙灘

▲地獄之口

{辛特拉} Sintra

羅西歐車站（Rossio）乘辛特拉線（Linha de Sintra）至辛特拉（Sintra），平均 20 分鐘一班、尖峰時間縮減班距至 15 分鐘一班，車程約 40 分鐘，票價 €2.3（可使用 navegante 儲值卡感應付款）。

辛特拉以融合不同宗教、時代的多元建築聞名，包含歷史中心與郊區古蹟、自然植被等 3 個區塊，1995 年以「辛特拉文化景觀」之名入選世界文化遺產。鎮內交通便利，遊客可於旅客服務處購買一日交通卡，藉由徒步＋搭乘公車 434（佩納宮循環線）、435（穿梭市區與 4 個宮殿）的方式暢遊其中。

✺ 辛特拉宮 Palácio Nacional de Sintra

　　15 世紀起，歷代葡萄牙國王的避暑夏宮，為現今保存最完好的中世紀皇家宮殿。中央爐灶上方兩座高 33 公尺、狀似雪糕筒的倒三角形白色煙囪，為建物的一大亮點。

✺ 佩納宮 Palácio da Pena

　　繽紛鮮豔、風格混搭、整體猶如夢幻城堡的佩納宮，為藝術家國王費爾南多二世的心血結晶，是可與德國新天鵝堡媲美的浪漫主義建築。宮殿內部精雕細琢、美輪美奐，體現優雅不失氣派的皇家風範。

✺ 摩爾人城堡 Castelo dos Mouros

　　摩爾人城堡由征服伊比利半島的摩爾人於 8 至 9 世紀修建，具有重要的戰略意義。1147 年，隨著里斯本被葡萄牙國王阿方索一世攻陷，摩爾人守軍也自願投降，城堡於 16 世紀初遭完全廢棄。目前在保存現有景觀的前提下，採適當維護而非徹底修復的原生態方式對外開放。

✺ 雷加萊拉莊園 Quinta da Regaleira

　　集合符號學、意識形態、神祕主義等多元建築風格的「迷幻宮」，由雷加萊拉宮（含地下室共五層）、小堂（羅馬天主教小聖堂，內部裝飾豐富壁畫、花窗玻璃）與豪華公園（內含噴泉、湖泊、洞穴、中西庭園造景等）3 部分組成，最大看點為深 27 公尺的神祕井「The Initiation Well」。

❁ 蒙塞拉特宮 Palácio de Monserrate

建於 19 世紀中，以印度、蒙古、摩爾、阿拉伯等東方元素為發想設計的異國情調宮殿。除建物本身的蒙古紋飾雕花令人眼睛一亮，花園內的奇珍異草也讓人大開眼界。

{ 羅卡角 }
Cabo da Roca

　　辛特拉火車站前乘公車 1624 或 1253 至羅卡角，1624 為辛特拉經羅卡角至卡斯凱什，每 30 分鐘一班，車程約 35 分；1253 為往返辛特拉與羅卡角，每 20 至 30 分鐘一班，車程約 45 分（停站較多），票價均為 €4.5。

　　羅卡角位於西經 9 度 30 分、北緯 38 度 47 分，為歐洲大陸最西端。當地建有一座燈塔與一個面向大西洋的石碑，碑上刻著葡萄牙文學家賈梅士的名言：「陸止於此，海始於斯。」此地遊客服務處嚴禁拍照，除展售紀念品，也提供蒞臨歐陸最西端的有價證書。

　　精力充沛且時間緊迫者，可採取早上從羅西歐車站乘火車至辛特拉，遊覽辛特拉後，搭公車 1624 至羅卡角，由羅卡角續搭 1624 至卡斯凱什，再由卡斯凱什乘火車返回里斯本凱斯索德列火車站（反之亦然），如此即可一日遊覽西郊熱門城鎮。

-51-

{ 馬夫拉 }
Mafra

　　地鐵綠黃 Campo Grande 站乘公車 2740、2804 至 Mafra（Terminal）P1 站（或見馬夫拉宮即可下車），2740 每 40 分鐘至 1 小時一班，車程約 40 分，尖峰時間增班、假日縮減班次；2804 為 08：10 至 19：00 行駛，11、13、16、17、19 點各兩班，其餘每小時僅一班或未發車，票價均為 €4.5。

　　位於里斯本市中心西北 28 公里處的馬夫拉，以馬夫拉宮聞名於世，包括宮殿、大教堂、修道院、塞爾科花園及塔帕達狩獵公園在內的建築區，於 2019 年入選世界文化遺產。對鄉村小鎮有興趣的朋友，可再由馬夫拉市區搭乘公車 2626（約每小時一班，車程 15 分鐘，票價 €2.6）至距離 8 公里的切萊羅斯小鎮（Cheleiros），當地有建於中世紀的羅馬橋。周邊還有來自里斯本的夫妻 Diogo 與 Ana 精心修復的馬塔佩克納村莊（Aldeia da Mata Pequena，距里斯本 40 公里），遊客可在此體驗葡萄牙早年農村生活，還能入住可愛純樸的鄉村小屋。

馬夫拉宮 Palácio de Mafra

　　1711，即位 4 年的國王若翰五世許願若王后能誕下子嗣，就會建造一座修道院感謝神恩，未幾長女誕生，這便是馬夫拉宮的源起。1755 年竣工的馬夫拉宮，為葡萄牙最豪華的巴洛克式建築，教堂裝飾美輪美奐，收藏大量珍稀宗教畫作。宮殿內還有一座收藏超過 3.6 萬冊史籍的圖書館，在葡萄牙的知名度，僅次於被譽為最美圖書館的科英布拉喬安娜圖書館。

里斯本探索旅圖

- 52 -

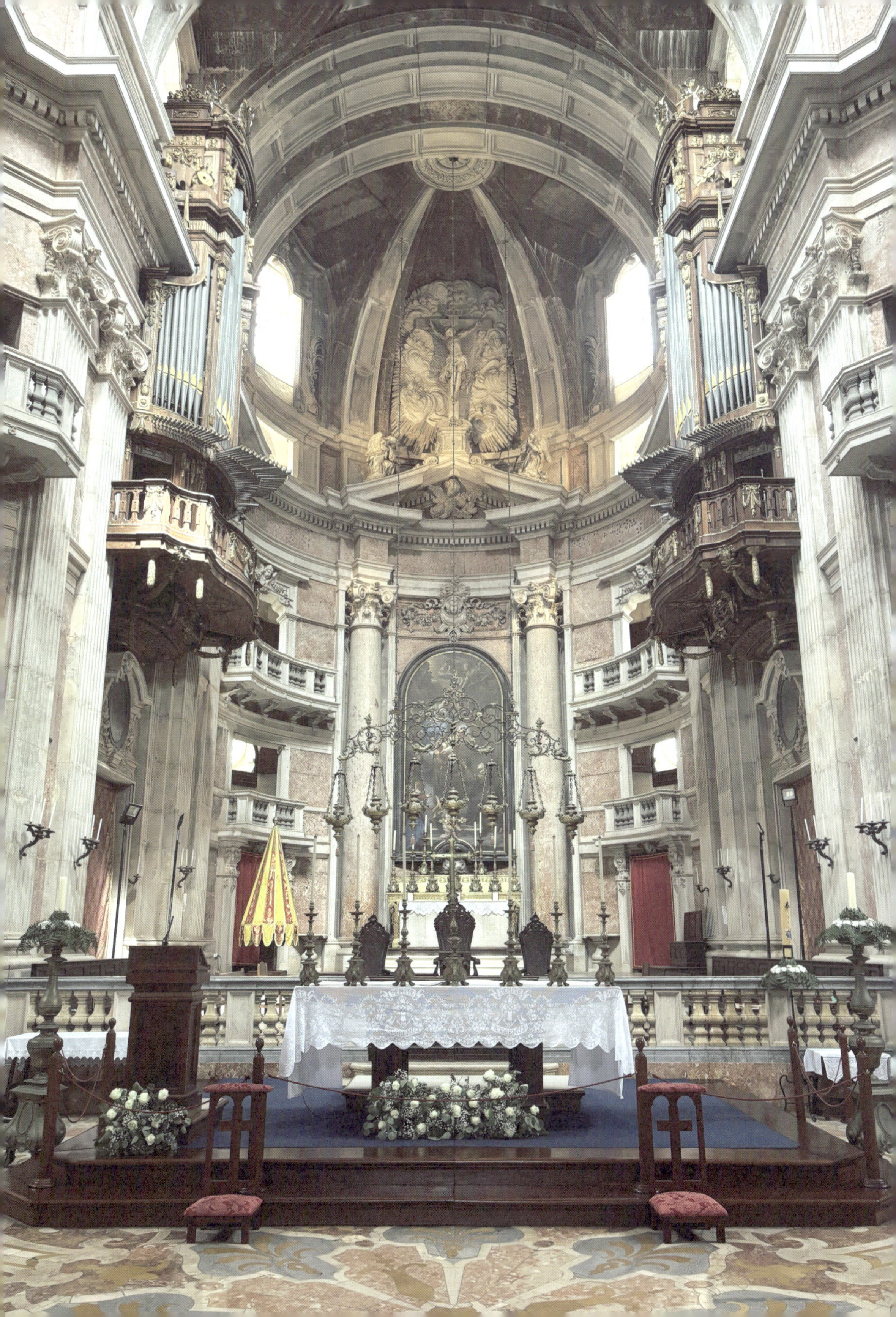

❈ **羅馬橋**
Ponte romana de Cheleiros

14 世紀時在古羅馬結構上建造的石橋，周圍亦可見羅馬時期遺跡。

❈ **馬塔佩克納村莊**
Aldeia da Mata Pequena

以民宿形式重現葡萄牙鄉村生活，村內設有餐廳與小型雜貨店。

｛奧比多斯｝
Óbidos

地鐵綠＋黃 Campo Grande 站乘 TEJO BUS 經營的「rápida verde」（綠線快速）至 Óbidos 站，每小時一班，車程約 1 小時，傍晚尖峰時間增班、假日縮減班次，票價 €8.5。

被譽為「鑲在大西洋岸邊的珍珠」、「最美小鎮」的奧比多斯，為 13 世紀末國王迪尼什一世贈予新婚妻子伊莎貝爾的禮物。人潮絡繹的觀光古鎮保有中世紀城牆與建築，鎮內既有多元豐富、別具特色的商家，亦保持樸實無華的氛圍。遊客多由南側的波爾塔城門進入，再順著石板路「直街」（Rua Direita）順行，就可遊覽全鎮精華。除漫步城中逛街購物、登上城牆眺望景致，亦能品嘗當地知名的櫻桃酒（ginja）。

里斯本探索旅圖

-54-

波爾塔城門 Porta da Vila

造訪古鎮的主要入口，城門採用阻止敵人入侵的雙重式設計，拱門內的磁磚畫完成於18世紀，內容為紀念過往的偉大戰役。

奧比多斯城堡 Castelo de Óbidos

始建於12、13世紀，之後數百年陸續擴建，1755年因里斯本大地震侵襲遭嚴重損害，以致乏人問津，直到1932年起，才逐步獲得修復。城堡混和羅馬、哥德、曼努埃爾與巴洛克式等多重元素，基本包含城堡及塔樓、城牆兩大區塊，免費開放參觀的城牆高13公尺、總長1,565公尺，走完一圈約需時40分鐘。

聖瑪麗亞教堂 Igreja de Santa MariaSanta Maria

初建於12世紀，為奧比多斯的信仰中心，堂內裝飾包含多重藝術樣式，主祭壇採金色為主體的巴洛克式風格。葡萄牙國王阿方索五世於1448年與表妹伊莎貝拉在此成婚，盛事為奧比多斯贏得「婚禮之城」的美名。

主耶穌石聖殿 Santuario do Senhor Jesus da Pedra

聖殿位於古鎮城牆外，屬六角形結構巴洛克式建築。主祭壇上供奉的是刻有耶穌受難形象的十字架石碑，祂曾助當地農民擺脫18世紀上半的嚴重旱災。

Part 3

「本」市交通——乘車資訊總整理

作為葡萄牙首都,里斯本的陸、空交通十分便利。自台灣出發,最少經 1 次轉機方可抵達;自歐洲前往除乘坐飛機,也可由陸路搭跨國巴士或火車前往。葡萄牙境內交通同樣以里斯本為中心向外放射,市區設置數個火車及巴士站,各站都有固定行駛的路線。基本上,不分飛機、巴士或火車均可從官網購買電子票券。

如已確定行程,建議提早預訂,一可保有座位,二能享有折扣!

長途運輸

國內國外四通八達！

里斯本的長途運輸主要有飛機、火車與巴士等3種渠道，遊客均可透過網路查詢班次與訂購車票。基本上，若非國定假日或宗教節慶，火車與巴士的車票多能隨到隨買，持預售票者須留意車站名稱與所在位置，乘車前最好提早半小時到達，避免因弄錯車站、月台、而錯過車班、耽誤行程。

飛機

里斯本機場的正式名稱為溫貝托・德爾加多機場（代碼 LIS，Aeroporto Humberto Delgado），位於里斯本市中心東北8公里處，是葡萄牙首要的國際門戶。機場為葡萄牙國籍航空——葡萄牙航空（TAP）的主要樞紐，也有多間他國及廉價航空在此駐點。里斯本與歐洲、非洲、美洲各城市都有直飛航班，亞洲部分曾有過杭州、西安等航點，唯因疫情等因素暫時取消。

桃園機場與里斯本機場間無直飛航班，往返兩地需轉機 1～2 次，單趟航程（含轉機時間）至少要 20 小時，經濟艙來回機票含稅價約 4～4.5 萬台幣。鄰國西班牙首都馬德里與里斯本間，每日有數十餘航班對飛，航程約 1.5 小時，為同時造訪西、葡兩國旅客的最佳運輸管道。

聯外交通方面，里斯本機場至市區交通網絡發達，除直觀簡單的地鐵，也有巴士、計程車等選項。由於機場和市中心距離頗近，車程僅 20～25 分鐘，計程車收費在 €15～€20 間（Bolt 等叫車軟體價格更低於此），酒店預約接機則為 €40 起跳。需注意的是，雖然市內公車也有行經機場（Aeroporto）的班次，如：208、705、722、744 與 783，但對行李尺寸管制嚴格，僅能運送 50x40x20 公分以下的隨身行李，攜帶大件行李箱者，仍需搭乘地鐵或直達市區的機場巴士（Aerobus）。

里斯本機場

📍 Alameda das Comunidades Portuguesas
🚇 地鐵紅 Aeroporto 站；公車 208、705、722、744、783 與 Aerobus
🌐 www.aeroportolisboa.pt/pt/

❋ 機場巴士

- 單程 €4、來回 €6；持票根搭乘黃色觀光巴士可享 9 折優待
- 有 1、2 號兩條路線，其中 1 號線返往市中心，行經 Campo Pequeno、Picoas、Rossio、Cais do Sodré 等多座地鐵站；乘車處位於出境大廳正門左側，設有站牌與排班車輛。
- 機場發 08:00～19:00（平均 20 分鐘一班）／19:00～23:00（平均 25 分鐘一班）
Cais do Sodré 地鐵站發 07:50～18:30（平均 20 分鐘一班）／18:30～23:00（平均 25 分鐘一班）

火車

葡萄牙境內的火車運輸由葡萄牙國鐵（簡稱 CP）經營，乘客以 E-mail 帳號免費註冊會員後，即可透過網站或手機 app 預購當日起 62 天內的車票。越早購買優惠越高，部分早鳥票或可低至 4 折。

行駛於葡萄牙境內的車班，按車行速度與款式可分為 5 類，由快到慢依序是 AP（Alfa Pendular，特快車）、IC（Intercidades，快車）、IR（InterRegional，行駛次要路線的半快車）、R（Regional，區域列車）、U（Urbanos，郊區火車），前兩者為對號、後兩者為非對號。AP 與台灣的太魯閣號同屬傾斜式電聯車，車體新、速度快，最高時速可達 220 公里；IC 停站較多，類似自強號；R 與 U 則肩負市區與市郊、鄰近城鎮間的短程區間運輸，功能與區間車雷同。

里斯本為葡萄牙火車運輸的中心，市內有近 30 座車站，以位於市區的羅西歐車站、聖塔阿波羅車站、東方車站與毗鄰河岸的凱斯索德列火車站，最常為觀光客利用。每座車站被賦予不同的功能和路線，例如：羅西歐車站專營辛特拉線，聖塔阿波羅車站停靠至波爾圖、科英布拉等長途班次，東方車站（Gare do Oriente）為火車種類最多、最繁忙的新式車站；凱斯索德列火車站（Cais do Sodre）專營卡斯凱什線（Linha de Cascais），它也是地鐵、渡輪、火車三合一的共構站。

附帶一提，CP 有一項彈性化的規定，就是自主要城市郊區包括：里斯本東方車站、科英布拉 B（Coimbra-B）與波爾圖坎帕尼亞車站（Porto-Campanhã）出發或抵達的乘客，可於出發前數小時與抵達後 1 小時，免費轉乘 U 至往返市區的限定車站。舉例說明，若果火車抵達東方車站，可免費搭區間車至聖塔阿波羅車站、Roma-Areeiro、Entrecampos 和 Sete-Rios（後 3 者位於城市北側），反之亦然。

▶ **葡萄牙國鐵（CP）**

- www.cp.pt
- 提供線上購票、選位服務，可訂購 AP、IC 等對號列車與部分 R 班次。

CP 網站預購火車票 12 步

1. 點選網站右上角「EN」切換至英文介面
2. 選擇起訖點、搭乘日期（單程票僅需選擇去程日期）
3. 顯示可訂購的車班，選擇欲搭乘的班次
4. 選擇乘客人數、艙等
5. 輸入已認證的 E-mail 帳號登入
6. 填寫購票者個人資料（英文姓名、護照號碼）與選擇票種（全票、兒童或青少年等）
7. 選擇座位（建議與車行方向相同）
8. 確認發送電子車票的信箱
9. 輸入信用卡資料
10. 刷卡確認無誤後，下載車票 PDF 檔（同時寄至 E-mail 信箱）
11. 車票與 QR code 截圖存於手機中；將 PDF 檔列印於空白 A4 紙備用（黑白、彩色皆可，QR code 務必清晰）
12. 直接上車入座，列車開動後由車掌驗票

羅西歐車站 Estação Ferroviária do Rossio

- R. 1º de Dezembro 125
- 地鐵藍 Restauradores 站東南 100 公尺；地鐵綠 Rossio 站西北 200 公尺

主營往返旅遊城鎮辛特拉的辛特拉線（Linha de Sintra），採取全程（終點 Sintra）與區間（終點 Mira Sintra-Melecas）穿插運行，平均 20 分鐘一班，至辛特拉車程約 40 分鐘。除火車票外，亦可刷「navegante」搭乘，唯進出站時都須刷卡（部分未設進站口的車站，需自行於機台刷卡），使用前也請確認票卡金額是否足夠。

聖塔阿波羅車站 Estação Ferroviária de Lisboa-Santa Apolónia

- Av. Infante Dom Henrique 1
- 地鐵藍 Santa Apolónia 站

　　經營往返第二大城波爾圖坎帕尼亞車站（Porto-Campanhã）的北線（Linha do Norte，途經科英布拉、阿威羅等），與往返中南部城鎮阿贊布雅的阿贊布雅線（Linha da Azambuja）。里斯本至科英布拉 B（Coimbra-B）車程 AP 約 1 小時 40 分、IC 約 2 小時，二等車廂票價分別為 €24.1 與 €20；至波爾圖車程 AP 約 3 小時、IC 約 3.5 小時，二等車廂票價分別為 €31.9 與 €25.25。

東方車站 Estação Ferroviária de Lisboa - Oriente

- Av. Dom João II
- 地鐵紅 Oriente 站（火車、地鐵共構，乘地鐵出機場後的第 3 站）

　　東方車站是為 1998 年里斯本世界博覽會興建的複合式車站，為里斯本最繁忙的陸路運輸系統。站內停靠絕大多數開往里斯本或由此發出的列車，國內長途、跨境巴士亦在此搭乘，訂票系統上顯示為 Lisba-Oriente。

凱斯索德列火車站 Estação Ferroviária do Cais do Sodré

- Cais do Sodre
- 地鐵綠 Cais do Sodré 站；電車 15E 至 Cais do Sodré 站

主營途經貝倫、往返鄰近海濱旅遊城鎮卡斯凱什的卡斯凱什線（Linha de Cascais），平均 30 分鐘一班，至卡斯凱什車程約 40 分鐘。除火車票外，亦可刷「navegante」搭乘，唯進出站時都須刷卡（部分未設進站口的車站，需自行於機台刷卡），使用前也請確認票卡金額是否足夠。

巴士

里斯本的長途巴士基本有 3 種類型：串聯里斯本大都會區的延伸客運「Carris Metropolitana」、聯絡中西部城市的城際巴士「Tejo Bus」，以及肩負國內外長途路線的「Rede Expressos」與「Flixbus」等巴士公司，3 者各有不同的營運方針。由於行駛路線多已與 Google Maps 連結，只需點擊起訖點再規劃路線，即可獲得即時班次、時間等完整資訊。

Carris Metropolitana

- www.carrismetropolitana.pt

行駛於大里斯本都會區共 18 個城鎮，包含：辛特拉（Sintra）、馬夫拉（Mafra）、阿馬多拉（Amadora）、蒙替角（Montijo）、阿爾馬達（Almada）等，可於官網查詢路線、班距、票價等即時訊息。

Tejo Bus

- www.rodotejo.pt

主營里斯本（由地鐵綠+黃 Campo Grande 站發車）往返中部城市聖塔倫（Santarém）、里奧馬約爾（Rio Maior）、佩尼謝（Peniche）與卡爾達斯達賴尼亞（Caldas da Rainha）的快線巴士（rápida），其中往返卡爾達斯達賴尼亞的「rápida verde」（綠線快速）因行經觀光古鎮——奧比多斯（Óbidos）而廣為觀光客熟知。

❊ Rede Expressos

- 📍 Praça Marechal Humberto Delgado
- 🚇 地鐵藍 Jardim Zoológico 站
- 🌐 rede-expressos.pt

　　總部位於里斯本的葡萄牙巴士公司，為葡國境內主要的長途公共交通運營商，因班次頻繁、價格優惠，被視為葡萄牙國鐵（CP）的強勁對手。
要特別注意，ip 位置不在葡萄牙境內將無法開啟網頁，欲在台灣瀏覽和訂票需透過 VPN 翻牆。

❊ FlixBus

- 🌐 global.flixbus.com

　　營運範圍涵蓋歐、美等國的德國長途巴士品牌，可由里斯本往返葡萄牙乃至歐洲各城市。里斯本出發的長途巴士多在東方車站（Gare do Oriente）搭乘，至第二大城波爾圖（Proto）車程約 3.5 小時、票價 €20 左右；至西班牙馬德里車程約 8～10 小時，票價 €70（特價可能低至 €20），官網不時因消化空位或時段欠佳等理由降價促銷。

市區移動

遊客的省心夥伴！

里斯本的大眾運輸系統完善，票價合理之餘，亦提供多種符合個人搭乘需求的車票選擇，其中包含公車、電車、升降機與地鐵坐到飽的 24 小時票，也僅需台幣 200 左右。暢遊里斯本，必然會和兩款支付票券「navegante」及「Lisboa Card」打交道。前者是乘車必備的多元儲值卡，後者則是在此基礎上加添景點免票或享部分折扣的綜合旅遊卡。通常情況下，綿密的陸路交通網，搭配穿梭太加斯河的渡輪，已覆蓋大多數知名景點。如時間有限或希望直達目的地，路邊招呼的計程車或 Uber、Bolt 等叫車 app 同樣便捷。不僅如此，還有穿梭舊城區及市中心各景點的摩托計程車 Tuk Tuk，提供短程載送及觀光導覽服務。

除人的移動，隨行的大件行李運輸也是一大難題，轉換旅社或往返機場時，在坡多石板路拖行可謂煎熬。此時，提供「運送+保管」服務的 LUGGit，便是不錯的選擇。儘管自駕也是一個選項，唯里斯本單行道多、路況複雜，且施工繞行和塞車皆屬常態，加上停車不易且收費偏高，因此建議離開市區後再行租車。

里斯本的治安狀況較佳，扒竊問題不似馬德里、巴塞隆納、巴黎、羅馬一類旅遊熱門城市那般嚴重，但身處擁擠電車（特別是觀光客必搭的 28E、15E）與地鐵，仍需時刻保持警惕。如有陌生人突然接近、追隨、問路、過分友好地打招呼等不尋常行為，請漠視並盡速離開。很多時候，他／她們的穿著打扮看起來就似普通上班族或遊客，並不似刻板印象中的小偷，即便失手甚或被抓到現行，也能一臉無所謂地瀟灑離去。搭車時，建議有位就坐、有牆就靠，車廂太擠就等下一班（同班次通常很快到來），盡量避免於上下班尖峰時段出行。

里斯本探索旅圖

navegante 儲值卡

里斯本的陸路大眾運輸系統由 Carris（Companhia Carris de Ferro de Lisboa 的簡稱，包含公車、電車及升降機）與 Metro（里斯本地鐵）合作運營，兩間公司曾各自發行「Viva Viagem Card」與「7 Colinas」乘車儲值卡，經過整併，早期最常見的白底或綠底「Viva Viagem Card」已被黃黑配色的「navegante」取代。鑑於車上購買單程車票價格高，又無法享轉乘優惠，因此儲值卡便也成為旅人搭車必備的利器。此外，大眾運輸現也導入信用卡感應式結帳支付系統，可直接支付車資並同樣有車資優惠，唯請留意信用卡最好單獨感應（勿直接將整個皮包或皮夾置於感應器前，很可能無法成功付款），也會收取跨國刷卡手續費。

「navegante」的主要購買及儲值渠道，為市區地鐵站內的自動售票機或人工售票窗口，空卡售價 €0.5，部分購票機台僅提供信用卡付款。首次購卡者，需於面板顯示「With a reusable Card 與 Without a reusable Card」頁面點選後者（單純儲值請選前者）。卡片屬不記名賣斷制，效期為購入後 1 年內，到期後雖不能繼續儲值，唯仍可使用未完餘額。請注意，「navegante」為厚紙製磁條卡，較塑膠卡片更易折損，請留心保管，避免因磁條損壞而需重新購買。

navegante 3 種主要方案

儲值方案	儲值金額	說明
單程票	€1.8 [1]	Carris+Metro 單程票，Carris 享 1 小時內任意搭 [2]
24 小時	€6.8	Carris+Metro
	€9.8	Carris+Metro+TTSL [3]
	€10.8	Carris+Metro+CP [4]
定額儲值	€3～40 [5]	Carris、Metro 單程 €1.61，Carris 享 1 小時內任意搭

24 小時方案說明：首次使用時間起算 24 小時內任意搭

[1] 不使用「navegante」，上車購票價格分別為：公車 €2.1；電車 €3.1；榮耀升降機、比卡升降機、修道院升降機 €4.1（往返）、聖胡斯塔電梯 €6（往返＋觀景平台），此票不能享轉乘優惠，無「navegante」也無法搭乘地鐵。

[2] 可於 1 小時內無限次數轉乘 Carris 系統車輛，唯一旦出地鐵站就需再購票（僅能進出地鐵站 1 次）。

[3] 含穿行於太加斯河的 5 條渡輪線。

[4] 僅適用往返辛特拉（Sintra）、卡斯凱什（Cascais）與阿贊布雅（Azambuja）的區間火車。

[5] 空卡 €0.5，單筆最低儲值金額為 €3，後以 €5 倍數（即 5、10、15……）為單位充值。餘額只能用完、不可退還。

▶ navegante 儲值卡

🌐 www.navegante.pt
ℹ️ 詳述購買方式、票價、適用範圍與服務據點

　　「navegante」適用範圍涵蓋 Carris 與 Metro 所經營的運輸系統，除「單程票」（single ticket），也有「24 小時票」（1 day ticket network 24h，首次啟用後 24 小時內坐到飽）與「定額儲值」（Zapping）等方案，乘車時採上車刷卡（地鐵為進出站皆須過卡）。整體而言，1 日搭乘 3 趟以下的偶爾乘車者，可選用「單程票」；頻繁乘車或欲無腦暢遊者，最適合「24 小時票」（其中還細分含或不含渡輪的選項）；至於陸路交通外，還有乘坐渡輪及郊區火車等複合需求者，則建議使用「定額儲值」。一張卡片一次只能選用一種方案，即第一天付 €3 選擇「定額儲值」，第二天想使用「一日券」就需把「定額儲值」用完歸零，才能改換新方案、以此類推。短期造訪的觀光客最適合 €6.8 的「24 小時票」，畢竟不只電車、公車、地鐵隨便搭，還包含必訪的 3 款升降機與聖胡斯塔電梯，後者票價 €5.3，與「24 小時票」已相差無幾。

　　在里斯本、葡萄牙乃至全歐，購票均屬自覺行為，司機不會主動查核。雖然查票並不常見，唯只要開始便雷厲風行、公正無私。上車時務必記得刷卡，並且留意讀卡機是否顯示綠燈，避免因刷卡失敗而引來逃票誤解。最後，因適用範圍、便利性等因素，有時一人不只有一張「navegante」，可於卡片做簡單標記以利辨別。

里斯本卡 Lisboa Card

　　里斯本卡為當地旅遊局發行的綜合旅遊卡，範圍涵蓋交通、景點免費、免排隊或票價折扣與購物、餐飲優待等多個層面，卡片效期以時間為單位，分為 24、48 及 72 小時 3 種，售價分別是 €27、€44、€54。取得方面，可在抵達後到設置於里斯本機場、商業廣場、羅西歐廣場等處的「ask me Lisboa」遊客服務處直接購買，也能在出發前至官網或 klook、kkday 等旅遊平台付款，再持電子郵件憑證於旅客服務處兌換實體卡。除單純的里斯本卡，旅遊局也推出與鄰近小城辛特拉（Sintra）的「The Lisbon-Sintra Pass」，也就是在里斯本卡的基礎上，添加辛特拉的交通與景點門票優惠，包括：佩納宮（Palácio da Pena）免票、摩爾人城堡（Castelo dos Mouros）免票免排隊等，48 及 72 小時的票價分別為 €75 與 €86。

　　里斯本卡對遊客而言不一定最划算，但百分百省心，包括：市內大眾運輸（地鐵、電車、公車、3 座升降機、聖胡斯塔電梯）、區間火車任意搭，主流景點如：聖喬治城堡、國家磁磚博物館、熱羅尼莫斯修道院、貝倫塔、國家馬車博物館、國家先賢祠、位於商業廣場北側的凱旋門等均可免票參觀。儘管預先購票可享折扣 5% 等優惠，但筆者認為若非行程非常篤定，還是隨到隨買為佳，免受「幾月幾日必須赴旅客服務處取卡」的制約。

　　購卡後，可取得里斯本卡與寫有完整優惠資訊的手冊。首次使用前，需自行將姓名、日期與時間填寫於卡片上，這就是卡片效期的起始點——24 小時卡的效期為首次啟用後的 24 小時內，以此類推。乘車時，就如「Navegante」般刷卡感應即可。如欲高效運用里斯本卡，請參考本書 PART 5「主題規劃路線」中的「里斯本卡吃到飽」行程。

▶ 里斯本卡

- www.lisboacard.org
- 載明卡片最新適用範圍、折扣情形、合作店家、線上購卡等資訊。

「ask me Lisboa」市中心旅遊服務處

商業廣場服務處 Ask me Lisboa-Praça do Comércio

- Rua do Arsenal 15
- 10:00～19:00
- 電車 28E 至 Pç. Comércio 站往西 150 公尺；地鐵紅 Terreiro do Paço 站往西北 600 公尺
- www.visitlisboa.com

里斯本故事館 Lisboa Story Centre

- Praça do Comércio 78
- 10:00～19:00
- 電車 28E 至 R. Conceição 站往南 250 公尺

羅西歐服務處 Ask me Lisboa-Postos De Tourismo Rossio

- Praça Dom Pedro IV 9
- 10:00～18:00（周日、周一休）
- 地鐵綠 Rossio 站

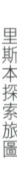

里斯本探索旅圖

- 68 -

里斯本地鐵 Metro de Lisboa

　　里斯本地鐵系統於 1959 年底通車，現有藍色海鷗線（Linha Azul）、黃色向日葵線（Linha Amarela）、綠色帆船線（Linha Verde）與紅色東方線（Linha Vermelha）共 4 條，設有 56 座車站、全長 44.5 公里。地鐵營運時間是 06:30～01:00，班距為尖峰期 5～6 分一班、離峰與假日 7～9 分一班，票價不分距離均為單趟 €1.8（無「navegante」儲值卡者需另付 €0.5 購買紙卡。單程票含 60 分鐘內可無限次轉乘 Carris 陸路系統的巴士、電車等，地鐵則出站後須重新購票才得再次搭乘）。部分熱門時段常有排隊或車內擁擠的狀況，加上月台明顯長於列車，常見乘客追車跑的情形。如眼前乘客爆量，若非很趕時間，否則不妨靜待數分鐘後的下一班，除很大機率比前台寬鬆甚至有座位，還可減少遭扒手盯上的機率。

里斯本地鐵站內寬敞明亮、指引清晰，站體設計充滿藝術感，視覺效果與瑞典斯德哥爾摩、加拿大蒙特利爾、俄羅斯莫斯科地鐵齊名。各車站的藝文主題和所在地點的歷史文化連結，再結合葡萄牙籍現代藝術家的創意，透過陶瓷雕塑、磁磚畫等媒介呈現，形成「一站一藝廊」的公共美感氛圍。眾車站中，有 8 座車站最引人矚目，分別為紅線的「Aeroporto」（機場站）、「Encarnação」（機場的下一站）、「Bela Vista」、「Olaias」、「Saldanha」（連結黃線的轉乘站）；藍線的「Alto dos Moinhos」、「Jardim Zoológico」（動物園）、「Terreiro do Paço」與黃線的「Rato」。藝術家們有的將畢生才華貢獻於此，有的是向歷史名人致敬，有的蘊含反諷思想，有的是大膽運用色彩衝擊，有的是以新素材的集體發想，有的則以自然與熱帶動植物為靈感來源……目不暇給又富含趣味的牆面，令搭地鐵成為宛若逛藝廊的饗宴。

▶ 里斯本地鐵

🌐 www.metrolisboa.pt
ℹ 提供地鐵營運時間、各類票種、即時消息等。

公車 Autocarro

里斯本市內現有近 80 條公車路線，可單獨利用，亦可作為電車、地鐵的轉乘連結。公車為前門上車付費、後門直接下車，市內車資採單一價格，刷「navegante」儲值卡單程票為 €1.8（定額儲值為 €1.61），上車後向司機或車廂內自動售票機購買則為單趟 €2.1。里斯本的公車尚稱準時，部分車站設有即時乘車資訊看板，路線圖標示清楚易懂，黃色手指處為所在位置，藍色箭頭指向為車行方向。因應平、假日班次調整，站牌也會提供 Dias Úteis（周一至周五）、Sábados（周六）、Domingo e Feriados（周日及國定假日）時刻表。

里斯本市內公車路線綿密，多數景點都有車班行經。因族繁不及備載、易造成混淆且較易有路線變更的情形，本文在景點、商店、餐廳等交通資訊欄，僅列出遊客使用率高的電車與地鐵。至於公車前往各地點的號次與靠站位置，可以 Google Maps 建立路線功能清楚顯示。

▶ **Carris 里斯本路面運輸系統**

- 包含電車、公車路線、票價、即時情況等資訊。
- www.carris.pt

電車 Elétrico

　　里斯本現有 12E、15E、18E、24E、25E、28E 等 6 條有軌電車路線運行，範圍涵蓋市中心與位處西郊的貝倫，雖然速度有限，卻是遊歷七丘之城的最佳伴侶。車資採單一計價，以「navegante」支付為單程 €1.8、定額儲值 €1.61，上車現金購票則是每趟 €3.1。

　　漫遊舊城區的 28E 與往返貝倫的 15E 電車為旅人最常利用的班次，乘車時，有兩點須注意：首先，28E 總擠滿乘客，扒手可能會利用人多製造混亂，趁機扒竊財物。乍聽頗為驚險，但只要多留心注意，將細軟置於胸前位置而非背後，可保九成平安。其次，15E 分為全程與區間車兩種類型，車頭電子面板也會標明終點站，如遇未達目的地，就被司機以「Bus Finish」要求下車，十有八九是搭到區間車。如擔心因此增加額外車資，使用「navegante」的「1 日券」將是最省心的選擇。

六條電車路線

編號	名稱	時間	每小時班次
12E	Martim Moniz ⇔ Pç. Luis Camões 馬蒂姆・莫尼斯地鐵站⇔賈梅士前地	平日 08:00～20:45 假日 09:00～20:15	平日 2 班 假日 1～2 班
12E	行經景點：山上聖母觀景台、太陽門觀景台、聖露西亞觀景台、聖地牙哥堂、恩寵觀景台、里斯本主教座堂、里斯本聖安東尼堂、聖母無玷始胎舊堂、奧古斯塔街、賈梅士前地		
15E	Cais Sodré ⇔ Algés Cais Sodré 碼頭⇔貝倫 Algés	平日 05:45～01:00 周六 05:45～01:00 周日 06:05～01:00	平日 5～6 班 周六 4～7 班 周日 3～6 班
15E	行經景點：里斯本河濱市場+Time Out 美食市場、國立古代美術館、LX 文創工廠、慢慢讀、Carris 博物館、MAAT、國家馬車博物館、貝倫宮、熱羅尼莫斯修道院、發現者紀念碑、貝倫塔		
18E	Cais Sodré ⇔ Cemitério Ajuda Cais Sodré 碼頭⇔ Ajuda 墓園	平日 06:20～20:15 周六 06:20～19:25 周日 06:50～19:25	平日 2～3 班 周六 2～3 班 周日 1～2 班
18E	行經景點：里斯本河濱市場+Time Out 美食市場、國立古代美術館、LX 文創工廠、慢慢讀、Carris 博物館、阿茹達宮		
24E	Pç. Luis Camões ⇔ Campolide 賈梅士前地⇔ Campolide 區	平日 07:00～20:05 周六 07:30～19:15 周日 10:30～18:00	平日 3～4 班 周六 2～4 班 周日 2～4 班
24E	行經景點：賈梅士前地、聖洛克堂、榮耀升降機、阿爾坎塔拉聖伯多祿花園、王儲花園、國立自然史及科學博物館、阿瓜里弗渡槽、水之母水庫		
25E	Corpo Santo ⇔ Campo Ourique (Prazeres) 科波桑托⇔坎波歐里克	平日 06:35～20:35 假日停駛	平日 2～3 班
25E	行經景點：里斯本河濱市場+Time Out 美食市場、埃什特雷拉聖殿		
28E	Martim Moniz ⇔ Campo Ourique 馬蒂姆・莫尼斯地鐵站⇔坎波歐里克	平日 05:40～23:30 周六 05:45～22:30 周日 06:45～22:30	4～8 班
28E	行經景點：法朵塗鴉觀景點、山上聖母觀景台、恩寵觀景台、聖喬治城堡、城外聖文生教堂和修道院、國家先賢祠、里斯本跳蚤市場、太陽門觀景台、聖露西亞觀景台、聖地牙哥堂、里斯本主教座堂、里斯本聖安東尼堂、聖母無玷始胎舊堂、奧古斯塔街、商業廣場、賈梅士前地、比卡升降機、埃什特雷拉聖殿		

升降機 Elevador

　　里斯本市內有 4 座富有歷史、運輸及觀光價值的升降機，皆出自法裔、葡萄牙籍公共工程師 Raoul Mesnier de Ponsard（1848 ～ 1914）之手，分別為垂直運行、上下移動的運輸裝置——聖胡斯塔電梯，與沿山坡興建、結合地面纜車、索道及登山鐵路優點的纜索鐵路——榮耀升降機（Elevador da Glória）、比卡升降機（Elevador da Bica）、修道院升降機（Elevador do Lavra）。附帶一提，除上述知名升降機，市內還有多座低調存在的公共手扶梯與電梯，遇上坡、樓梯時不妨留心觀察尋找，或可免去徒步爬梯的苦刑。

　　Raoul Mesnier de Ponsard 為葡國重要的索道纜車推手，也是一名性格獨立、富創造力與幽默感的機械發明家。他在波爾圖出生，雙親均為法國籍，科英布拉大學數學暨哲學專業畢業後，赴法攻讀機械工程，並於法、瑞、德等國相關工廠見習。回到葡萄牙，為克服高度差的地形限制，陸續設計伊比利半島第一台升降機——位於布拉加、現仍運行中的仁慈耶穌纜車（Elevador do Bom Jesus）；位在納扎雷的納扎雷纜車（Elevador da Nazaré）等設施，透過巧妙的機械運行，協助人們揮別爬樓梯的辛苦。

✿ 聖胡斯塔電梯 Elevador de Santa Justa

　　連接龐巴爾下城（Baixa）與卡爾莫廣場（Largo do Carmo）的聖胡斯塔電梯，位於聖胡斯塔街（Rua de Santa Justa）末端、卡爾莫街（Rua do Carmo）階梯下方，與電車 28E 同為人氣最旺的運輸型觀光景點。電梯始建於 1900 年、1902 年落成，層高差 45 公尺，初時使用蒸汽動力，1907 年改為電力驅動，是市內最富饒趣味的交通類古蹟。聖胡斯塔電梯由塔身、走道、轎廂及瞭望台組成，塔身與走道屬鑄鐵材質，後者長 25 公尺，塔身外部綴有花邊雕飾，整體採哥德復興式風格。木質轎廂設有玻璃窗，至多可容納 29 名乘客。到達頂層後，為露臺及通往卡爾莫考古博物館與卡爾莫廣場的走道，再往上攀爬一小段螺旋樓梯即為瞭望台。

不分晝夜，聖胡斯塔電梯搭乘處總累積長長人龍。造成排隊的主因，除各國遊客均抱持「到此一搭」的心情，也在駕駛員一人兼負操作電梯、驗票、賣票、找零等所有工作，輔以不疾不徐的悠然態度，導致隊伍消化緩慢。基本上，剛開門的早晨時段（07:30～10:00）人流最少，中午至傍晚則達到高峰。

▶ **聖胡斯塔電梯**

- Rua do Ouro ⇔ Largo do Carmo
- R. do Ouro
- 07:30～20:38
- 現場買票 €6（往返⇔觀景平台）
- 「navegante」24 小時票或里斯本卡免費
- 電車 12E、28E 至 R. Conceição 站往北 350 公尺；地鐵藍＋綠 Baixa-Chiado 站往北 200 公尺

榮耀升降機 Elevador da Glória

　　1885 年落成的榮耀升降機，旨在連結龐巴爾下城的聖佩德羅德阿爾坎塔拉街（R. de São Pedro de Alcântara）與上城的自由大道（Avenida da Liberdade），為 3 座升降機中人氣最高的一座。榮耀升降機最初採「水平衡」原理驅動，後改為蒸氣，1915 年轉為電力傳輸，路線總長 265 公尺，行駛坡度 17.7%，車程 1.5～2 分鐘。榮耀升降機車廂包含 2 個控制室與 1 個乘坐室，乘坐室設有兩排背對窗戶的木質長椅。車廂運行時均保持在同一水平線上，因此無論是爬升或下降，乘客都可保持在不傾斜的相同視角。

▶ **榮耀升降機**

- S. Pedro de Alcântara ⇔ Praça Restauradores
- （上行）R. de São Pedro de Alcântara 35 對面
- （下行）Praça dos Restauradores
- 平日 07:15 ～ 23:55；周六 08:45 ～ 23:55；周日 09:15 ～ 21:00
- 現場買票 €4.1（往返）、定額儲值 €1.61（單趟）
- 「navegante」24 小時票或里斯本卡免費
- 電車 24E 至 Ascensor Glória 站；地鐵藍 Restauradores 站西北 150 公尺

上行 ▲

下行 ▲

比卡升降機 Elevador da Bica

　　1892 年落成的比卡升降機，為連接聖保羅街（Rua de S. Paulo）與康普洛街（Calçada do Combro）的運輸纜車。與榮耀升降機相仿，最初同樣使用「水平衡」原理運行，1896 年改採蒸氣動力，1914 年實現電氣化。升降機包含兩個車廂，可容納 23 名乘客（9 個座位、14 個立位），路線總長 283 公尺，行駛坡度 11.8%，車程約 3 分鐘。

▶ **比卡升降機**

- Rua de S. Paulo ⇔ Largo Calhariz
- （上行）Rua de S. Paulo 234
- （下行）Largo Calhariz 14 旁
- 平日 + 周六 07:00 ～ 21:00；周日 09:00 ～ 21:00
- 現場買票 €4.1（往返）、定額儲值 €1.61（單趟）
- 「navegante」24 小時票或里斯本卡免費
- 電車 28E 至 Calhariz (Bica) 站；電車 25E 至 R. S. Paulo（Bica）

上行 ▲

下行 ▲

修道院升降機 Elevador do Lavra

　　1884 年啟用的修道院升降機，為里斯本市內現存最古老的升降機系統。路線總長 188 公尺，垂直上升 42 公尺，行駛坡度逾 22%，車程 1.5 分鐘。車廂配置與榮耀升降機相仿，最高乘載數為 42 人，上升與下降過程中，司機與乘客均處在水平位置。

▶ 修道院升降機

- Largo da Anunciada ⇔ Rua Câmara Pestana
- （上行）R. das Portas de Santo Antão 150 旁
- （下行）R. Câmara Pestana 6 對面
- 平日 07:00 ～ 20:30；
  假日 09:00 ～ 19:55
- 現場買票 €4.1（往返）、定額儲值 €1.61（單趟）
- 「navegante」24 小時票或里斯本卡免費
- 地鐵藍 Restauradores 站東北 400 公尺

▲ 上行　　▲ 下行

舊城區祕梯 下城電梯 Elevador da Baixa ＋城堡電梯 Elevador do Castelo

　　除上述 4 台具歷史與觀光價值的古蹟型升降機，還有 2 部對人類膝關節幫助甚大的新型電梯——下城電梯（Elevador da Baixa）與城堡電梯（Elevador do Castelo），相距一個街道及一座廣場的兩台電梯串聯搭乘，即可到達 Miradouro do Chão do Loureiro 觀景台，免去從下城區爬至舊城區聖喬治城堡的部分苦刑。

▶ 下城電梯

- Rua dos Fanqueiros ⇔ Largo Adelino Amaro da Costa
- （上行）R. dos Fanqueiros 176
- 08:00 ～ 21:00
- 免費
- 電車 12E、28E 至 R. Conceição / R. Fanqueiros 往北 200 公尺
- 搭乘處位於藍紋白底牆面、貌似民宅的建築內，隨人流入內即可。

- 77 -

▶ 城堡電梯

- Largo Adelino Amaro da Costa ⇔ Miradouro do Chão do Loureiro
- （上行）Largo Chão do Loureiro
- 08:00 ～ 21:00
- 免費
- 出下城電梯後直走穿越馬路，沿小公園左側行走，未幾可見明顯標示與電梯建物，搭乘處位於 Pingo Doce 超市內部右側。

渡輪 Barco

　　TTSL（Transtejo 和 Soflusa 的簡稱）為提供里斯本渡輪服務的交通公司，現共有 5 條航線，市區側 3 站、南岸 5 站，遊客最常乘坐的航班，為往返市區「Cais do Sodré」與阿爾馬達「Cacilhas」的黃線。渡輪船程在 10 至 25 分鐘間，運輸功能外亦具觀光價值，是欣賞太加斯河沿岸風光與跨海大橋的最佳視角。乘坐渡輪同樣可以「navegante」付款，除購買單程票或採定額儲值方式扣款，含「Carris+Metro+TTSL」共 3 種交通工具坐到飽的 24 小時票 €9.7，更可於期限內不限次數搭乘。

渡輪的五條航線說明

代表色	航線	航程	票價	平日營運時間
藍	Terreiro do Paço ⇔ Barreiro	20分	單程 €2.65 定額儲值 €2.6	00:00～23:30
紅	Cais do Sodré ⇔ Montijo	25分	單程 €3 定額儲值 €2.97	06:00～22:30
綠	Cais do Sodré ⇔ Seixal	20分	單程 €2.65 定額儲值 €2.6	06:35～23:15
黃	Cais do Sodré ⇔ Cacilhas	10分	單程 €1.4 定額儲值 €1.36	00:20～23:45
橘	Belém ⇔ Porto Brandão ⇔ Trafaria	25分	單程 €1.3 定額儲值 €1.28	07:00～22:00

▲假日縮短營運時間

▶ **TTSL**

- ttsl.pt
- 含路線、票價詳情及臨時變動等即時資訊

▶ **Cais do Sodré 碼頭（Terminal do Cais do Sodré）**

- R. da Cintura do Porto de Lisboa
- 地鐵綠 Cais do Sodré 站
- 黃、紅、綠 3 條航線在此搭乘

Tuk Tuk

　　活躍於印度及東南亞地區的 Tuk Tuk（又稱嘟嘟），自 2015 年左右，開始於里斯本觀光區湧現，廣泛分布於阿爾法瑪舊城區、商業廣場、無花果廣場周圍、貝倫，以及對岸的阿爾馬達 Cacilhas 碼頭、大耶穌像附近。以摩托車為基礎改造的 Tuk Tuk，多為兩人座與四人座款式，具有駕駛靈活、穿行巷弄、即招即走等優點，除點與點間的運輸，也可依照遊客需求規劃專屬行程。費用方面，Tuk Tuk 採口頭議價，上車前先告知司機欲前往的地點，再請對方報價，一般而言，短程車資為 €10 左右。Tuk Tuk 的駕車方式豪邁奔放，行駛於高低起伏、崎嶇陡峭的舊城區石子路仍加足馬力，乘客被甩來甩去實屬常態，請務必抓緊抓好。

　　和計程車相仿，Tuk Tuk 分為公司運營和個體戶兩類，前者較具規範性，後者則因人而異。司機多數積極開朗、可靠自律，邊開車邊介紹當地風情，但並非人人皆善類，自也有「意圖宰客」的害群之馬。若有意搭乘，除多看多詢價，也得拿出「看人」本領，如「感覺不對」就立刻中止聘僱關係。實體尋找之餘，亦能透過網路搜尋關鍵字 Lisboa+Tuk Tuk，即會出現多家專營 Tuk Tuk Tours 的專門網站，再從其中選定合拍的夥伴。附帶一提，葡萄牙其他旅遊城市如波爾圖、辛特拉、科英布拉、吉馬良斯等也可見 Tuk Tuk 身影，唯整體市場不若里斯本蓬勃。

Táxi ＋ Uber ＋ Bolt ＋ LUGGit

　　里斯本的跳表計程車為數眾多且收費合理，司機身份均經註冊核實，乘客安全基本無虞。收費方面，白天時段（06:00～21:00）起步價€3.25、每公里€0.47；夜間時段（21:00～06:00）採原價加兩成計算，起步價€3.9、每公里€0.56；如遇塞車，不分時段為每分鐘€0.25。其餘加收費用尚有：開行李箱€1.6、電話預訂€0.8。需留意的是，即便將大件物品放入車內（非後車廂），也得額外支付行李費。

　　整體而言，里斯本司機的駕駛能力高，快速轉向與隨機應變是他們馳騁道路的底氣，乘客所需的就是繫妥安全帶與保持冷靜。溝通上，並非大部分司機都能以英語溝通，乘車前，請以葡萄牙文寫好或透過手機清楚告知欲前往的地點，減少誤差出錯的機會。因應歐洲的小費文化，可斟酌給予€1～€2或免去找零作為感謝。

　　除路邊攔車，網路預約車輛系統更在里斯本、乃至葡萄牙各主要城市蓬勃發展，包括：全球性的Uber、Bolt與葡萄牙本地的izzyMove、99Taxis等，都有推出叫車app。除台灣民眾熟悉的Uber，Bolt在歐洲、泰國等地也廣受歡迎，app定位準確、易於使用，費用極具競爭力。以筆者搭乘經驗，距離2公里、乘車十餘分鐘，車資約€4左右（3人共乘甚至比搭大眾運輸還便宜）。須留意的是，Bolt預估車資相當浮動（一般上下班尖峰或雨天時價格較高），即便短時間內查詢也可能出現數歐元差距，建議出發前先嘗試規劃路線，對價格區間有所了解。由於Bolt價格較低，晚到或棄單（會立即退還自信用卡扣除的車資）偶有所聞，幸而多數都是態度親切、具服務熱忱的好司機。除計程車服務，Bolt還提供電動滑板車租賃，是短距離移動的好幫手。

　　除人的移動，大件行李的轉移也是旅客的一大難題。無論是從A旅社至B旅社或返往機場，對精神與肉體都是挑戰。此時，提供行李存放與運輸服務的LUGGit，即一次解決兩個難題。以筆者經驗為例，自A旅社10點辦理退房時，LUGGit將行李收走，5小時後（下午3點）於距離約4公里B旅社入住時送返，收費為€20.88。

▶ Bolt
- bolt.eu
- 提供用戶註冊與下載app的渠道。

▶ LUGGit
- luggit.app
- 服務範圍涵蓋里斯本、波爾圖、馬德里、雅典等城市，提供運送行李試算與預約服務。

Part 4

分區「里」解——分區景點、購物與美食導覽

本書將里斯本劃分為 8 個區塊，再詳列其中高知名度或佳評如潮的景點、購物與美食店家。鑑於遊客停留時間不定、興趣愛好不同，不妨依循文中「景點推薦指數」評比，作為規劃行程的參考依據。

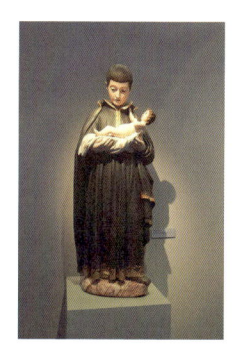

👍 **景點推薦指數：**

⭐⭐⭐⭐⭐　　里斯本的代表性景點，值得專程前往

⭐⭐⭐⭐✬　　名氣、評價皆佳，造訪此區不可錯過

⭐⭐⭐⭐　　　偏好此類景點者必訪

⭐⭐⭐✬　　　名聲響亮、評分也高，視個人喜好添加的旅遊勝地

⭐⭐⭐　　　　餘裕時的靈感

里斯本觀光指南

- ③ 阿爾法瑪舊城區
- ④ 龐巴爾下城＋羅西歐
- ⑤ 希亞多＋上城
- ⑥ 自由大道及其以北
- ⑦ 市區西郊
- ⑧ 貝倫區
- ⑨ 阿爾馬達
- ⑩ 萬國公園周邊
- ⑪ 貝倫塔
- ⑫ 4月25日大橋
- ⑬ 里斯本大耶穌像
- ⑭ 商業廣場

- ① 里斯本機場
- ② 東方車站
- ③ 里斯本站（TEJO）
- ④ Sete Rios站（Rede expressos）
- ⑤ 凱斯索德列車站（渡輪）
- ⑥ Cacilhas站（渡輪）
- ⑦ 聖塔阿波羅車站
- ⑧ 羅西歐車站
- ⑨ 瓦斯科·達伽馬大橋
- ⑩ 國家磁磚博物館

蒙特角

大加斯河

里斯本探索旅圖

-84-

里斯本為歐洲數一數二歷史悠久的古城，文獻記載可追溯至西元前 3 世紀的羅馬共和國時期，隨著羅馬帝國的衰弱，陸續被外邦異族占領。8 世紀初，北非摩爾人入侵伊比利半島、占領里斯本，大量興建清真寺與伊斯蘭風格建築，城市經濟逐漸得到發展。時序邁入 1147 年，象徵基督教勢力的葡萄牙國王阿方索一世（Dom Afonso Henriques），率領十字軍驅逐摩爾人，才重新奪回對里斯本的控制權。1256 年，具備重要戰略及經濟地位的里斯本，確立為葡萄牙王國的首都。15 世紀歐洲地理大發現浪潮席捲全球，葡萄牙作為海權勢力的開創者，順利贏得第一波紅利，開啟帝國富裕優渥的繁榮盛世。儘管地震天災與鄰國崛起，令葡萄牙不若往日那般意氣風發，幸仍憑深厚的文化遺產與蓬勃的新創產業，走出屬於自己的獨特道路。

　　介紹里斯本的歷史，必離不開一些人與一些事。所謂一些人，包括：葡萄牙歷任國王、航海時代的推手恩里克王子、探險家瓦斯科‧達伽馬、帶領國家走出地震創傷的龐巴爾侯爵與國寶級作家費爾南多‧佩索亞等冒險家、政治家與作家；一些事則有：1147 年阿方索一世收復里斯本、15 世紀海外探險與殖民活動、1755 年的里斯本大地震、1910 年建立共和與 1998 年舉行的里斯本萬國博覽會……這些人與事，廣泛影響著今日的里斯本，造訪各景點時，也經常和他們不期而遇。

　　地理位置方面，里斯本位處葡萄牙中南部，南臨太加斯河（Tejo），為葡萄牙首都及最大城。市區因高低起伏、上下坡遍布的地形，而得別名「七丘之城」。愜意氛圍、便利交通、適中物價、友善安全與健全的旅遊環境，令里斯本成為全球旅人趨之若鶩的最佳旅遊城市。

{ 阿爾法瑪舊城區 Alfama } 及其以東

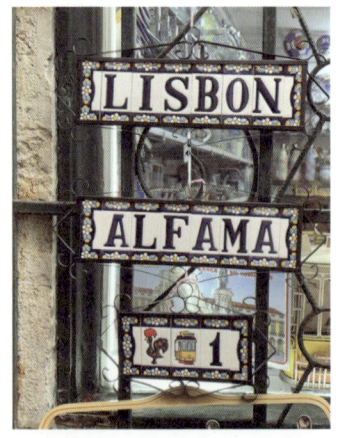

阿爾法瑪舊城區位處聖喬治城堡與太加斯河間的丘陵地帶，名稱源於阿拉伯語الحَمّة，蘊含「熱水之源」的意思（當地蘊藏水溫 30°C 上下、含礦物質的溫泉），為里斯本最古老的區域。舊城區的城市規模形成於摩爾人統治期間，隨著富人區西遷，中世紀後期逐漸成為漁民、水手及庶民的居所。幸運的是，1755 年的大地震未對阿爾法瑪造成嚴重傷害，區內至今仍保留中世紀以來的格局，建築侷促而緊密。

舊城區保留許多知名歷史景點，為滿足觀光需求，老屋陸續進行修復，改建為餐酒館、甜點簡餐店、法朵餐廳及旅館民宿，為此地注入人氣與活力。如迷宮般的狹窄巷弄與蜿蜒起伏是舊城區的特色亦是常態，最適宜步行或搭乘 12E、28E 電車漫遊，各觀景台亦提供不同角度的視覺體驗。

里斯本探索旅圖

-86-

阿爾法瑪舊城區 Alfama 及其以東

地圖標示

- 往拉米羅海鮮餐廳
- 往山上聖母觀景台
- 里斯本跳蚤市場
- 往國家磁磚博物館
- 國家先賢祠
- 聖塔阿波羅車站
- 阿爾法瑪酒窖
- 法朵之家
- 恩寵觀景台
- 燈籠秘境中餐廳
- 城外聖文生教堂和修道院
- 聖喬治城堡
- 里斯本最老屋
- 太陽門觀景台
- 阿爾法瑪甜點店
- 聖露西亞觀景台
- 法朵博物館
- 手繪磁磚畫專門店
- 城堡電梯（上行）
- 聖地牙哥堂
- 聖米迦勒之家
- 里斯本主教座堂
- 艾爾噴泉遺跡
- 法朵塗鴉觀景點
- 阿方素豬扒包
- 里斯本聖安東尼堂
- 下城電梯（上行）
- 往龍巴爾下城
- 往西西歐
- 往羅西歐
- 大加斯河

Part 4 分區「里」解──分區景點、購物與美食導覽

-87-

景

國家磁磚博物館
Museu Nacional do Azulejo

磁 磚 畫 的 古 往 今 昔

　　位於市區東側的國家磁磚博物館，成立於 1965 年，為全球收藏最多磁磚畫（Azulejo）藝品的主題館藏機構。博物館所在地的前身為葡萄牙慈善王后埃莉諾（Eleanor of Viseu）於 1509 年倡建的聖母修道院（Convento da Madre de Deus）。1950 年代中，適逢王后誕辰 500 周年紀念，修院獲得富商古爾本基安（Calouste Gulbenkian，即古爾本基安美術館創始人）支持的同名基金會出資，進行系列修建迴廊等工程。完成翻修後，曾舉行一場備受矚目的葡萄牙文化特展，這便是磁磚博物館的濫觴。國家磁磚博物館初期為國立古代美術館（Museu Nacional de Arte Antiga）的附屬機構，1980 年再提升至獨立運作的國家級單位。博物館的常設展以 16 世紀以降的裝飾磁磚與上光花磚為主，旨在收藏、展覽、修復及研究葡萄牙這項綿延百餘年的文化財。

里斯本探索旅圖

- 88 -

博物館按時間軸依序陳列各時期的代表性磁磚畫，類型涵蓋阿拉伯藝術、浪漫主義、洛可可、巴洛克、文藝復興、現代主義、新古典主義、浪漫主義、工業及現代風等，館內亦可見製造磁磚的材料、器械，以及放置大量待修磁磚的專業工作車間。眾珍藏中，以位於二樓展場、被暱稱為「葡萄牙清明上河圖」的巨幅磁磚畫最受矚目。這幅長 25 公尺、由 1,300 塊磁磚組成的畫作，主題為里斯本在 1700 年的繁華市景，惜這一切都因 1755 年的里斯本大地震毀於一旦，這幅作品恰是凸顯磁磚畫兼具藝術價值與歷史紀錄的多重意義。除靜態展覽，博物館還設有紀念品販售部與餐廳，前者雖較紀念品店訂價稍高，但細緻度與創意均獨樹一格；後者則以 20 世紀流派的磁磚畫為裝飾，白底藍紋的魚、野兔、豬腳等畫風細膩且富饒趣味，體現磁磚畫與日常生活的自然融合。

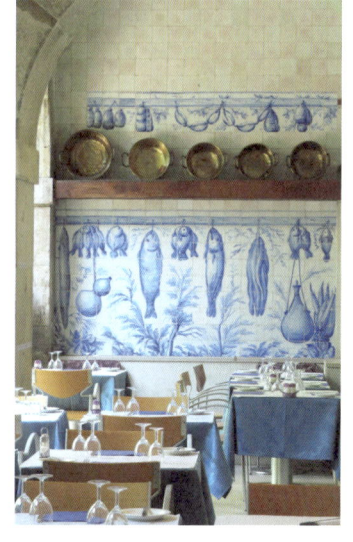

👍 推薦指數：★★★★

- 📍 R. Me. Deus 4
- 🕙 10:00～13:00、14:00～18:00（周一休）
- 💶 €8
- ⭐ 持里斯本卡免費
- 🚇 地鐵藍 Santa Apolónia 站東北 1.4 公里；公車 210、718、742、759 至 Igreja Madre Deus 站即達；公車 34B、728、794 至 Av. Inf. D. Henrique 站西南 100 公尺

- 89 -

景 聖塔阿波羅車站
Estação Ferroviária de Lisboa-Santa Apolónia

lllllleeeee 葡 萄 牙 最 古 老 車 站

　　1865 年落成的聖塔阿波羅車站，為葡萄牙最古老鐵路線「里斯本⇔卡雷加多（Carregado）」的終點站，現則為鐵路與地鐵共構站。車站有鐵路北線（Linha do Norte，途經科英布拉、阿威羅等）與中南部城鎮阿贊布雅的阿贊布雅線（Linha da Azambuja）停靠，與東方車站並列市區鐵路交通樞紐。

　　回顧車站的興建背景，主要為解決里斯本長途交通不便的困境，當時來往北方大城波爾圖，只能依靠 33 小時航程的船運。經過十餘年籌劃，往返卡雷加多的路線終於 1856 年開通，車站站體則在 1865 年 5 月才告落成。聖塔阿波羅車站初期為里斯本的主要車站，1891 至 1955 年間被新啟用的羅西歐車站取代。1955 年起，長途服務自羅西歐車站回歸，至 1998 年東方車站投入營運後，聖塔阿波羅車站仍保有市中心運輸樞紐的地位。

聖塔阿波羅車站採新古典主義風格，內部有一座長 117 公尺、寬 24.6 公尺、高 13 公尺的巨大中殿，頂棚由玻璃與鍛鐵製成的格子組成，為 19 世紀的經典形式。2020 年代，商業集團 Sonae 斥資 1,200 萬歐元，將車站東翼與主體上層改造為五星級酒店 The Editory Riverside Santa Apolónia Hotel，內部包括 11 種不同類型的 126 個房間，裝飾屬摩登復古兼備，飯店於 2022 年正式開幕。

> 👍 推薦指數：★★★
> 📍 Av. Infante Dom Henrique 1
> Ⓢ 地鐵藍 Santa Apolónia 站

景
國家先賢祠
Panteão Nacional

曾經的爛尾樓、賢者的長眠地

國家先賢祠的設立源於 1836 年通過的「紀念傑出人士」法令，建物性質類似忠烈祠，旨在埋葬並推崇葡萄牙歷史上各領域的代表性人物，諸如：各屆總統、重要政治家、世界級足球員、知名歌手（像是法朵女王阿瑪利亞 Amália Rodrigues）、作家、教授、劇作家與藝術家等。不僅如此，也為地理大發現的開拓者──探險家恩里克王子（Infante D. Henrique，葡萄牙航海事業的奠基者）、達伽馬（Vasco da Gama，史上首位由歐洲航海至印度的人）、卡布拉爾（Pedro Álvares Cabral，普遍認定是最早抵達巴西的歐洲人之一）等冒險家豎立紀念碑。

Part 4 分區「里」解──分區景點、購物與美食導覽

對比今日的神聖莊嚴，這座建物的前身可謂命運多舛——最初是由國王曼努埃爾一世（Manuel I）之女瑪利亞公主（Maria, Infanta de Portugal），於1568年出資興建的「聖恩格拉西婭教堂」（Igreja de Santa Engrácia），卻因1681年的暴風雨侵襲嚴重損壞。次年，教堂展開重建，並交由葡國知名巴洛克風格建築師João Antunes 統籌。期間，歷經設計師去世、國王約翰五世（João V）傾全力建造豪華宏偉的馬夫拉宮（Palácio Nacional de Mafra）致使工程停擺等逆境，導致這項「聖恩格拉西婭工程」坎坷不斷，一度是當地人眾所周知的爛尾樓。如此拖拖拉拉300年，直到1966年，教堂圓頂竣工，才真正標示它的落成。

　　早在重建工程完畢前，建物已接連於1910年、1916年獲得國家紀念碑與國家先賢祠的法律地位。1966年起，官方陸續將暫置熱羅尼莫斯修道院等處的要員遺體移往該處，使這座命運多舛的蚊子館搖身一變，成為緬懷偉人、地位神聖的國家級機構。

👍 **推薦指數：**★★★★

- 📍 Campo de Santa Clara
- 🕐 4月至9月 10:00～18:00；10月至隔年3月 10:00～17:00（周一休）
- 💶 €4
- ✨ 持里斯本卡免費
- 🚋 電車 12E、28E 至 Voz Operário 站往東 500 公尺；地鐵藍 Santa Apolónia 站西北 300 公尺

里斯本探索旅圖

城外聖文生教堂和修道院
Igreja de São Vicente de Fora

王室的長眠處

　　作為里斯本市內矯飾主義建築最佳範例的城外聖文生教堂和修道院，不只可見 18 世紀巴洛克風格的祭壇、宏偉精美的磁磚畫、收藏聖物的藝術博物館，亦是安葬葡萄牙布拉干薩王朝歷代君主及重要成員的皇家先賢祠（Panteão da Dinastia de Bragança）。建物歷史可追溯至 1582 年，當時甫繼承葡萄牙王位的西班牙國王腓力二世（Felipe II de España，葡國稱腓力一世）下令修建一座供奉里斯本的主保聖人──聖文生（Vicente de Saragoça）的教堂。設計者為來自義大利、西班牙及葡萄牙本地的多位優秀建築師，主體於 1629 年完工，修院部分則至 18 世紀才告落成。教堂外觀莊嚴對稱，立面屬義大利風格，下部有 3 座拱門，兩側各有一座塔樓，入口分別豎立天主教聖人奧古斯丁與聖巴斯弟盎的雕像。堂內裝飾講述修道院歷史的藍白色磁磚畫，內容涵蓋 1147 年葡萄牙人成功驅逐摩爾人統治者的「圍攻里斯本」戰爭，天花板則有一幅義大利藝術家 Vincenzo Baccarelli 於 1710 年創作的幻想畫。不僅如此，堂內的迴廊也有大量的 18 世紀磁磚畫，題材來自法國詩人尚・德・拉封丹（Jean de La Fontaine）改編古希臘、羅馬寓言的《拉封丹寓言》，他最擅長以動物喻人，藉此諷刺勢利小人與達官貴人。

　　1834 年，葡萄牙政府宣布解散全國修道院，城外聖文生教堂和修道院因此改制為里斯本總主教宮。數十年後，國王費爾南多二世（Ferdinand II）又將原修士食堂重整為皇家先賢祠，將皇室墓塚移靈到此。大部分王室成員均長眠於此，包括：一同遇刺身亡的末代皇室父子──國王卡洛斯一世（Carlos I，1863 ~ 1908）、王儲路易・菲利普（D. Luis Filipe，1887 ~ 1908），以及葡國最後一位國王曼努埃爾二世（Manuel II，1889 ~ 1932）。

👍 推薦指數：★★★★

📍 Largo de São Vicente

🕐 10:00～18:00（周一休）

💶 €5

🚋 電車 12E、28E 至 Voz Operário 站；地鐵藍 Santa Apolónia 站西北 700 公尺

法朵博物館 Museu do Fado

細品法朵史

　　法朵博物館於 1998 年 9 月對公眾開放，是以葡萄牙經典音樂類型——法朵（Fado，意為命運或宿命）和葡萄牙吉他（Guitarra portuguesa）為主題的互動式展覽機構，館內包含永久展覽廳、臨時展覽場、文獻中心、主題商店、餐館（後兩者可免票參觀）與相關推廣課程及排練室。博物館蒐藏為數眾多的法朵唱片、樂譜、海報、雜誌、服裝與吉他等伴奏樂器，法朵主題的油畫、漫畫等藝術創作，可聆聽阿瑪利亞（Amália Rodrigues）、卡洛斯（Carlos Augusto da Silva Ramos）、瑪利亞（Maria Teresa de Noronha）等知名歌手的經典名曲與瀏覽數百位人物傳記，並提供多種語言的有聲導覽。博物館所在建物的前身為阿爾法瑪水泵站（Estação Elevatória de Águas de Alfama），始建於 1868 年，風格樸素優雅，是 19 世紀的重要設備建築之一。1960 年代，功成身退的水泵站徹底關閉，經過長期閒置或做他用，終於 1995 年經 3 年擴建翻修，成為足以容納大量法朵相關收藏的專業博物館。

👍 推薦指數：★★★★☆

- 📍 Alfama, Largo do Chafariz de Dentro 1
- 🕐 10:00～18:00（周一休）
- 💰 €5
- ⭐ 持里斯本卡折扣 20%
- 🚇 電車 12E、28E 至 Lg. Portas Sol 站東南 400 公尺；地鐵藍 Santa Apolónia 站西南 450 公尺
- 🌐 museudofado.pt

景 艾爾雷噴泉遺跡 Chafariz de El-Rei

曾經的水利建設、現在的五星飯店

　　阿爾法瑪舊城區一帶蘊含豐富水資源，在向市區供水的阿瓜里弗渡槽於 18 世紀中啟用前，該處為里斯本最沒有缺水問題的地區。13 世紀興建的艾爾雷噴泉，就是供應周邊居民水源的第一座公共噴泉，15 世紀下半，再順著城牆管道將水引至港口，為航行印度洋的船隻供給淨水。現今所見、具古典主義風格的噴泉建築，可追溯至 1864 年，立面設置 9 個噴水孔，分別劃分予不同階級的社會群體使用，也就是白人得到較多噴口，印地安與黑人婦女、奴隸等當時社會地位較低者，僅能使用其中的一個。目前，艾爾雷噴泉遺跡已獲官方列為公共利益紀念碑，並成為五星級酒店──艾爾雷噴泉宮殿（Palacete Chafariz d'El Rei）的一部分。附帶一提，這座豪華酒店建於 19 世紀，整體屬於新摩爾式建築，內部陳設復古華麗，單日房價約台幣 9,000 左右。

👍 推薦指數：★★★★½

📍 R. Cais de Santarém 23

🕐 全日

💰 免費

🚇 電車 12E、28E 至 Limoeiro 站東南 450 公尺；地鐵藍 Santa Apolónia 站西南 700 公尺

景 太陽門觀景台
Miradouro das Portas do Sol

遊人如織的大平台

位於著名電車線 28E 沿線的太陽門觀景台，是一座視野極佳的俯瞰攝影點，遊人可在此欣賞舊城區及太加斯河沿岸景致。觀景台名稱源自原本矗立在此的同名古老城門，牆面部分毀於 1755 年的里斯本大地震，部分則被合併至聖喬治城堡範圍。觀景台中央豎立由葡萄牙現代藝術家勞爾‧澤維爾（Raúl Xavier）創作的里斯本守護神──聖文生（São Vicente）雕像，祂單手托著一艘船、船上有兩隻烏鴉，正是里斯本徽章的圖案──相傳聖文生於 1173 年殉道後，兩隻烏鴉將祂的遺體送至里斯本，象徵死亡的黑色烏鴉與純白聖潔的聖文生，造就守護里斯本的黑、白兩色。

👍 **推薦指數**：★★★★☆

📍 Largo Portas do Sol

🚊 電車 12E、28E 至 Lg. Portas Sol 站

Part 4 分區「里」解──分區景點、購物與美食導覽

- 97 -

景

聖露西亞觀景台
Miradouro de Santa Luzia

綠植、花磚、老葡味

　　毗鄰太陽門觀景台的聖露西亞觀景台，同樣可眺望舊城區及太加斯河的雙重景致，重要建物由左而右依序為：國家先賢祠的圓頂、聖斯德望堂（Igreja de Santo Estêvão）和擁有兩座白色塔樓的聖米格爾堂（Igreja de São Miguel）。觀景台不只遠觀壯麗、近看亦毫不遜色，花磚裝飾的木頂長廊綠植茂盛、光影繽紛，提供遊人短暫休憩的歇腳空間。南側牆面有兩幅磁磚畫，分別描繪1755里斯本大地震前的商業廣場閱兵盛況，以及1147年阿方索一世（Dom Afonso Henriques）帶領基督徒攻打聖喬治城堡的史實。

👍 推薦指數：★★★★☆

📍 Largo Santa Luzia

🚋 電車 12E、28E 至 Lg. Portas Sol 站

聖地牙哥堂 Igreja de Santiago

葡萄牙朝聖之路起點

聖地牙哥朝聖之路（El Camino de Santiago）是以位於西班牙北部城市聖地牙哥-德孔波斯特拉（Santiago de Compostela）為目標的徒步旅程，其中從葡萄牙出發的「葡萄牙之路」，是熱門度僅次於「法國之路」的主流路線。自里斯本啟程的朝聖之路，全長 610 公里，儘管資料稱出發點為里斯本主教座堂，該堂也確實販售「朝聖者證書」（Credencial do Peregrino，€2）並給予蓋章，但真正的起點並非在此，而是與其相距 350 公尺、鄰近聖露西亞觀景台的聖地牙哥堂，面向堂口右側，也明確寫有「Camino」等字樣的指示牌。

聖地牙哥堂始建於 1160 年，14 世紀因地震受損而重建。1755 年再度不敵里斯本大地震衝擊，主祭壇、天花板與立面均受到破壞，至 1762 年才得修復完成，為里斯本唯一一座獻給耶穌十二門徒之一聖雅各（Santiago）的教堂。聖地牙哥堂外觀樸素、內部飽含宗教藝術寶藏，諸如：鍍金祭壇畫；1800 年代完成、描繪「聖母一生的奧祕」磁磚畫；以及聖母憐子雕像。教堂目前僅於周三、周日的彌撒時間開放，這或許就是其將給朝聖者蓋章、販售證書等相關任務，交予里斯本主教座堂的原因。

👍 **推薦指數：**★★★

📍 R. de Santiago 1100

🕐 周三 17:30～18:00、周日 09:00～12:00

💰 免費

🚇 電車 12E、28E 至 Miradouro Sta. Luzia 站；地鐵藍 Terreiro do Paço 站東北 900 公尺

景 恩寵觀景台 Miradouro da Graça

細品城區層疊美景

恩寵觀景台位於恩寵聖母堂（Igreja Paroquial da Graça）旁，海拔較遊人如織的太陽門及聖露西亞觀景台略高，附近咖啡廳、餐館、酒吧齊全，是受當地人喜愛的聚會地點。恩寵觀景台的可貴在，能於樹蔭間眺望舊城區層疊美景，或眺望遠處的大耶穌像。除靠雙腿前往，亦可搭乘2024年中開放的纜車直達，車程約4分鐘，每10分鐘一班、單次運載量為14人。

觀景台旁為規模宏偉的恩寵天主堂（Igreja da Graça），1566 年，被譽為「葡萄牙戰神」、「海上雄獅」的第二任葡屬印度總督──阿方索‧德‧阿爾布克爾克（Afonso de Albuquerque）被安葬於此。天主堂的歷史可追溯至葡萄牙建國初期，16 世紀重建，1755 年地震後進行修復時，再賦予其晚期巴洛克建築的風格，至於躲過天災洗禮的古老修道院迴廊，依舊維持曼努埃爾形式。堂內的主祭壇屬洛可可風格，18 世紀落成的諸小堂則以鍍金雕刻聞名於世。豐富磁磚畫為參觀教堂的另一個亮點，雖不比專門收藏此類作品的國家磁磚博物館，卻仍是非常珍貴罕見的宗教藝術文化遺產。

恩寵觀景台

👍 推薦指數：★★★★

- Largo da Graça 94
- 電車 12E、28E 至 Graça 站向西 200 公尺

恩寵觀景台纜車（Funicular da Graça - Gare Inferior）

👍 推薦指數：★★★★

- R. dos Lagares 24
- 09:00～21:00（車程約 4 分鐘，每 10 分鐘一班）
- 目前免費

景

聖喬治城堡 Castelo de São Jorge

防禦工事變身旅遊勝地

　　聖喬治城堡（或譯作聖若熱城堡）位於里斯本城區，是城市乃至全國重要的歷史建物與觀光景點。鑑於地勢高聳、易守難攻，自古就是兵家必爭的軍事要塞。以城堡為中心的防禦工事，最早可回溯至西元前 2 世紀，期間曾被腓尼基、古希臘、迦太基和古羅馬、西哥德、摩爾人等不同政權占領。輪流更替的權力，直到 1147 年才告終了，外號「征服者」的葡萄牙國王阿方索一世，在第二次十字軍東征（1145～1149，即收復失地運動）的基督徒軍隊支持下，成功驅逐摩爾人，將城堡正式納入葡萄牙領土。值得一提的是，此役為第二次十字軍東征唯一明顯的勝仗，到現在仍流傳一項影響戰役勝敗關鍵的英雄事蹟──攻城時，騎士馬蒂姆·莫尼斯（Martim Moniz）注意到摩爾人固守的城堡，竟有一道城門開啟，為阻止敵人將其關閉，他毫不猶豫跳入門縫，以肉身換取空間，雖犧牲自己，卻助同袍得以攻克城池。為紀念莫尼斯的功績，里斯本市內有多處以他命名的紀念碑與公園，鄰近的地鐵站也以 Martim Moniz 為名，站內牆面亦可見以幾何方式繪製的騎士形象，以及描繪上述故事的裝飾藝術。

　　1255 年，葡萄牙王國將首都遷往里斯本，城堡躍居國家的政治暨軍事中心，期間曾因數度地震、戰爭與洗劫縱火等遭受損害，也進行多次修護與延伸。14 世紀下半，聖喬治城堡已發展為周長 5.4 公里、擁有 77 座塔樓的堅固堡壘。與此同時，國王約翰一世（João I）在迎娶英國公主菲莉帕（Filipa de Lencastre）後，宣布將其獻給在葡萄牙和英國都很受歡迎的聖人──聖喬治（祂是著名基督教殉道聖人、英格蘭的守護聖者、常以屠龍英雄形象出現在西方藝術），這便是城堡名稱的由來。

時序邁入 16 世紀，國王曼努埃爾一世在太加斯河畔興建里韋拉宮（Paço da Ribeira，位於今日龐巴爾下城區，毀於 1755 年里斯本大地震），聖喬治城堡的重要性逐漸下滑。禍不單行的是，城堡在 1531 年受地震侵襲損壞，造成它的進一步衰敗。儘管第 16 任國王塞巴斯蒂安（Sebastião）有意重建城堡為王居，唯計畫因他的早逝而停擺，爾後轉作兵營和監獄。1755 年，城堡無可避免地因大地震嚴重毀損，僅保有駐軍及要塞功能。1780 至 1807 年間，此處成為葡萄牙女王瑪麗亞一世創立的慈善教育機構皮婭之家（Casa Pia）駐地，該組織旨在安置震後遭社會排斥或缺乏雙親照料的青少年。1807 年，拿破崙軍隊入侵、里斯本陷入動亂，皮婭之家被迫遷離，城堡就此黯然淡出公眾視野⋯⋯

　　1930 年，聖喬治城堡幾乎被周邊新建物及違章建築掩蓋，幸而在總理安東尼奧（António de Oliveira Salazar）的主導下展開大規模整修，大刀闊斧拆除幾世紀間加添、與城堡性質不協調的結構。時至今日，聖喬治城堡已是里斯本市內首屈一指的必訪經典，參觀宮殿遺跡、回顧城市往昔之餘，亦可 360 度無死角地環視城區，黃昏時分更是遊人趨之若鶩的拍照良機。需留意的是，聖喬治城堡遊客絡繹，需有長時間排隊購票的心理準備，也可選擇人流稍少的早上 9 點或傍晚 6 點以後造訪。

👍 **推薦指數：**★★★★

- R. de Santa Cruz do Castelo
- 3 月至 10 月 09:00〜21:00；
  11 月至隔年 2 月 09:00〜18:00
- €15
- 持里斯本卡免費
- 地鐵綠 Martim Moniz 站東南 900 公尺
- castelodesaojorge.pt

景 里斯本最老屋 Casa do Século XVI

eeeeeeeee 見證舊城區 500 年

　　舊城區內的樓宇多擁有百年以上歷史，其中公認最古老的，為隱藏於盲人街（Rua dos Cegos）的一幢 16 世紀老屋。樓宇保留中世紀的建築風格，由於它的地基穩固且占地面積小，才得以安然度過包括 1755 年強震在內的多次劇烈搖晃。老屋正面的二樓右上位置，為 20 世紀製作的仿 17 世紀風格磁磚畫，畫面以聖壇為主題，中央為聖體、兩側是天使。附帶一提，老屋前廣場的弧形地面，有一幅具葡萄牙傳統風格的女性肖像磁磚畫「Calçada da Amália」（意譯為阿瑪利亞人行道），旨在向法朵女王阿瑪利亞（Amália Rodrigues）致敬。

- 👍 推薦指數：★★★
- 📍 Rua dos Cegos 22
- 💰 免費（內部未開放）
- 🚋 電車 12E 至 S. Tomé 站往西 50 公尺；地鐵綠 Martim Moniz 站東南 650 公尺

里斯本探索旅圖

- 104 -

景

法朵塗鴉觀景點
Miradouro Graffiti Fado Vadio

巷弄裡的藝術饗宴

　　漫步里斯本，牆面不僅處處是舊時遺留的磁磚畫藝術，亦可見為數眾多的現代塗鴉創作，主題包羅萬象、風格因人而異，共同點就是為街區巷弄增添活潑美感。位在舊城區與龐巴爾下城區交界處的法朵塗鴉觀景點，人流雖不暢旺，卻因一幅名為「Fado Vadio」壁畫而廣為人知。它來自一群藝術家的集體創作，旨在向源於葡萄牙的音樂類型──法朵的創作及表演者致敬，從而發展為低調而蓬勃的街頭藝術匯聚地。除最具代表性的「Fado Vadio」，還有以當地居民為題材的畫作，寫實幽默兼具。法朵塗鴉觀景點可於遊賞舊城區時順道訪問，其所在的巷弄也是通往聖喬治城堡的捷徑之一。附帶一提，沿法朵塗鴉景觀點上方道路 R. São Cristóvão 24 往北行，自傍晚起就變身成一條熱鬧繽紛的法朵餐館與酒吧聚集區，氣氛慵懶悠閒。

👍 推薦指數：★★★★

📍 Escadinhas de São Cristóvão 14

🚊 電車 28E 至 Martim Moniz 站南 300 公尺

- 105 -

景 里斯本主教座堂 Sé de Lisboa

興衰900載

　　始建於1147年的里斯本主教座堂，為葡國首都現存最古老的教堂，歷經無數天災人禍、翻修改建，形成融合羅馬、哥德與巴洛克式等多重建築風格的混和體。回顧建堂史，原址在信仰伊斯蘭教的摩爾人統治期間為一座清真寺，至葡萄牙開國君主阿方索一世將其驅逐後，就在清真寺遺址上建造新的主教座堂。自12世紀起，教堂陸續增建哥德式迴廊、皇家先賢祠、仁慈堂（扶助病弱的天主教慈善組織）等。不斷拓增規模的同時，頻發的地震成為無法預期的隱憂，14至16世紀間屢遭破壞，其中以1755年的里斯本大地震衝擊最大，主體建物都遭到震波與繼之而來的火災損毀，今日所見為20世紀初重新整建後的成果。鑑於主教座堂的悠久歷史，官方近年展開系統性的考古研究，羅馬時代的污水系統、阿拉伯及中世紀的遺跡相繼出土，更於2020年發現穆拉比特王朝（柏柏爾人建立的穆斯林政權）時期的清真寺遺跡。

里斯本探索旅圖

遊客進入主教座堂後，須右轉至櫃檯購票，再循指標右轉走石梯往上，即可近距離欣賞玻璃花窗藝術與眺望（向外）舊城區及（向內）教堂全景。堂內人流動線、文字導覽清晰，唯收藏豐富天主教藝品，諸如：16 世紀十字架、宗教人員服飾、雕像、手稿與里斯本主保聖人──聖文生（Vicente de Saragoça）的相關文物等的珍寶館（Tesouro）禁止攝影。

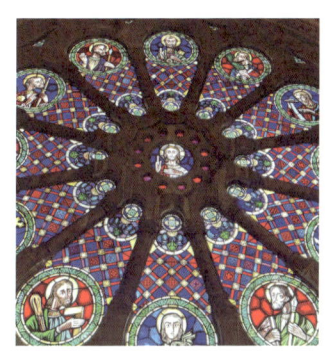

推薦指數：★★★★★

- Largo da Sé 1
- 6 月至 10 月 09:30 ～ 19:00；11 月至 5 月 10:00 ～ 18:00（周日休）
- €5（信徒可於彌撒期間免費入內祈禱、敬拜）
- 電車 12E、28E 至 Limoeiro 站
- www.sedelisboa.pt

景 里斯本聖安東尼堂
Igreja de Santo António

天主教月老的誕生地

聖安東尼堂供奉天主教聖人──里斯本的聖安東尼（António de Lisboa，1195 ～ 1231），據傳教堂所在位置就是祂的出生地。該處在 15 世紀建成一座小堂，後於幾任葡萄牙國王出資下數次整建，1755 年毀於里斯本大地震，1767

年進行全面重建，整體屬巴洛克──洛可可風格，就是今日所見的聖安東尼堂。值得一提的是，此次工程的部分費用來自希望「為聖安東尼捐一點錢」的兒童勸募活動，教堂牆面因此展示著奉獻者的姓名。

聖安東尼誕生的地穴▼

聖安東尼生前擅長講經、致力濟貧運動，聖潔的聲望令祂在病逝 11 個月後就被天主教會封聖，成為天主教最為人熟知且經常顯靈的聖人。聖安東尼的形象為一手抱著聖嬰耶穌，另一手持象徵貞潔聖德的百合花。祂的神蹟多不勝數，為葡萄牙、航海、受壓迫者、貧苦群眾與尋找失物者的主保（守護者）。教徒但凡有東西遺失都會向聖安東尼禱告求助，後更延伸至尋找另一半，使祂成為天主教徒心目中的月老。按照傳統，里斯本的新人在婚禮當天會赴教堂祈禱、向聖安東尼獻花以祈求祝福。欲一睹聖人出生地，需穿過教堂大門後左轉入側邊走廊的紀念品部，繼續向前為展覽聖器的廳堂，循路往前、拾階而下，就是聖安東尼誕生的地穴。1982 年 5 月 12 日，教宗若望保祿二世曾來此為教堂前廣場上的聖安東尼雕像揭幕，並於地穴進行祈禱，為紀念這樁美事，堂方就將此製作為磁磚畫，鑲嵌於通往地下聖堂的路上。

推薦指數：★★★★

- Largo Santo António da Sé
- 10:00～19:00（彌撒時間為11:00、17:00）
- 免費
- 電車 12E、28E 至 Sé 站
- www.stoantoniolisboa.com

▲ 若望保祿二世在地穴祈禱的磁磚畫

景

山上聖母觀景台
Miradouro da Senhora do Monte

階 梯 地 獄 後 品 美 景 天 堂

地處舊城區制高觀景點的山上聖母觀景台，是欣賞城市全景首選，地理位置更勝遊客趨之若鶩的聖喬治城堡，唯一「缺點」是需爬行較多斜坡才能到達，優點為親身居高臨下時，體會難能可貴的成就感。觀景台得名於鄰近的山上聖母小堂（Capela de Nossa Senhora do Monte），1147 年葡萄牙人自摩爾人手中奪回政權後，就將坐落在此的隱修院獻給里斯本第一任主教、傳奇殉道者──聖金斯（São Gens）。據傳聖金斯的母親因難產去世，因此特別關照孕婦，欲確保順產的婦女就可坐「聖金斯的椅子」，葡萄牙國王若翰五世（João V）的妻子、懷著王位繼承人的瑪麗亞（Maria

Part 4 分區「里」解──分區景點、購物與美食導覽

- 109 -

Ana da Áustria）就曾是「座上賓」。小堂毀於 1755 年地震，1796 年於原址稍高處重建，「聖金斯的椅子」也移置於此。時至今日，山上聖母觀景台已成為觀光 Tuk Tuk 聚集站，團體探索行程亦多將此作為終站。

👍 推薦指數：★★★★☆

📍 Largo Monte
🆓 免費
🚋 電車 12E、28E 至 R. Graça 站往西 300 公尺

購 里斯本跳蚤市場
Feira da Ladra

淘真正的寶

位於舊城區的跳蚤市場為當地最古老、規模最大的一處，歷史可追溯至 1272 年，於聖喬治城堡大門下方舉行的「里斯本自由市場」（Mercado Franco de Lisboa）。之後，跳蚤市場的地點不斷轉換，1835 年才來到現址——聖克拉拉廣場（Campo de Santa Clara）周圍。每逢周二、周六，人們就會將家中閒置或特地準備的二手物品及工藝品、紀念品等拿到市集販售，老闆多抱持著「願者上鉤」的隨興態度，不熱中推銷亦無意削價競爭。跳蚤市場顧名思義，就是什麼都賣、什麼都不奇怪的「有緣物」聚集地，舉凡舊衣

物、家具、古玩、電器、玩偶、CD、瓷器，甚至破銅爛鐵都能見到，也有年輕藝術家販售天馬行空的創意手作，繽紛多元令人眼花撩亂。

跳蚤市場範圍甚廣，攤位蔓延至城外聖文生教堂後門與國家先賢祠附近。對觀光客而言，一些具葡國特色的開罐器、刀叉等銅板價手信小物頗具吸引力，喜好法朵音樂的朋友，也能在此淘到物超所值的老唱片與 CD。需注意的是，跳蚤市場人流多且複雜，手機、背包、皮夾等隨身物務必時時留意，避免成為小偷眼中的淘寶對象。

👍 **推薦指數：**★★★★

📍 Campo de Santa Clara

🕐 周二、周六 09:00 ～ 18:00

🚋 電車 28E 至 S. Vicente 站；地鐵藍 Santa Apolónia 站西北 350 公尺

🏛 國家先賢祠、城外聖文生教堂和修道院

Part 4　分區「里」解──分區景點、購物與美食導覽

- 111 -

購 手繪磁磚畫專門店 Azulejos de Fachada

繪出磁磚新風貌

手繪磁磚畫專門店成立於 2009 年，創辦人 Vanessa Marques Cabacinha 志在以古老的工藝技術，為傳統磁磚畫賦予新生。「活化（畫）外牆磁磚」為品牌的核心項目，也就是將一些外牆的經典圖案塗上新的色彩，使其與當代美感建立連結，帶給人們活潑繽紛的視覺體驗。此外，還有以沙丁魚、愛情、里斯本（寫有 Lisboa、Portugal 字樣）、幾何圖案與數字、字母為主題的手繪磁磚畫，一些可直接用於裝飾牆面，另一些則附有軟木底座，可用作杯墊、砧板等居家擺飾，兼具實用與觀賞價值。磁磚的尺寸與形狀也有多種選擇，像是常見的正方形，不同比例的長方形和圓形，也可依據個人需求提供訂製款。

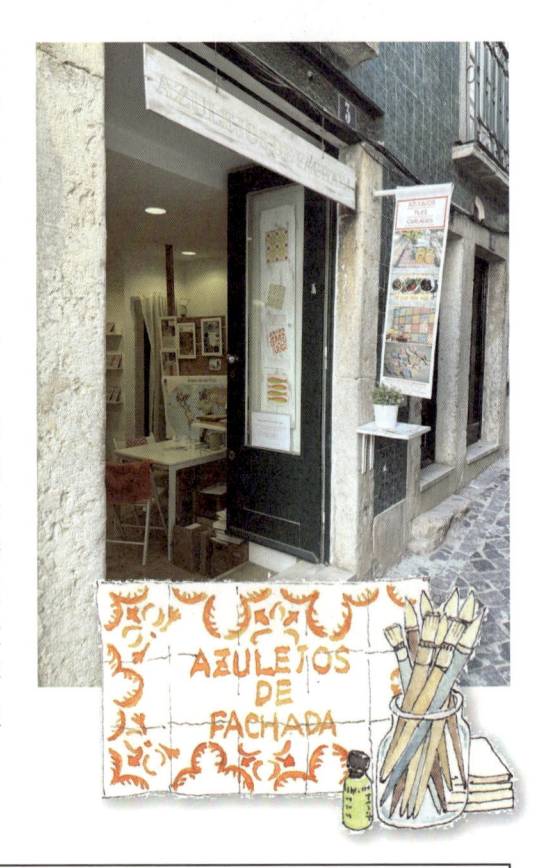

👍 手繪磁磚畫專門店：

- 📍 Beco do Mexias 1
- ⏰ 平日 10:30～12:30、14:00～17:30（假日休）
- 🚋 電車 12E、28E 至 Lg. Portas Sol 站東南 350 公尺；地鐵藍 Santa Apolónia 站西南 550 公尺
- 🏛 法朵博物館
- 🌐 www.azulejosdefachada.com

里斯本探索旅圖

- 112 -

食 法朵之家 O Corrido

滿足五感的音樂饗宴

來到葡萄牙，欣賞法朵（Fado）是必不可少的重要行程，里斯本市內有多間餐廳以此為賣點，其中最負盛名的莫過鄰近國家先賢祠的法朵之家。餐廳由家族經營，情感豐富的駐唱歌手，配合悉心分享法朵相關資訊的樂師，深刻感受他們對法朵的專注與熱情。法朵之家一晚通常有 3 名歌手輪番上場（筆者聆聽彼次為老中青三代女歌手，其中包括獻唱 77 年、現年 85 歲的法朵傳奇歌手 Maria Amélia Proença），深體會法朵音樂「一人一韻味」的特點，展現出強烈的個人風格和多樣性。據樂師介紹，歌手到臨獻唱時才會告知曲目與調性（Key），因此雙方都須對超過千餘首傳統歌曲了然於胸。4 段表演穿插於用餐間、毫無冷場，表演約於深夜 11 點半結束，建議利用 Bolt 叫車軟體返回旅社。

Part 4 分區「里」解──分區景點、購物與美食導覽

- 113 -

與多數同類型餐廳相仿，法朵之家僅於晚餐時段營業。除富含情感的現場演唱，餐點水準亦高，訂價 €50 的單人套餐堪稱首選，內容包括開胃菜、主餐及甜點等 3 個部分（不含飲料），各有數種款式可供挑選，食客能在此品嘗到葡國最具代表性的章魚、馬介休、牛排與燉肉料理。口耳相傳的讚譽與好評，致法朵之家日日滿座，若無預約幾乎不可能有位置，如確定造訪時間，請務必趁早透過官網預訂。

👍 法朵之家：

- 📍 Campo de Santa Clara 49
- 🕒 周二至周四與周日 19:30 ～ 23:30、周五與周六 19:30 ～ 00:00
- 🚋 電車 12E、28E 至 Cç. S. Vicente 站往東 450 公尺；地鐵藍 Santa Apolónia 站往西 300 公尺
- 💶 €50（只收現金）
- 🏛 國家先賢祠、里斯本跳蚤市場、軍事博物館
- 🌐 www.ocorrido.com（含預訂座位）
- ℹ️ 因座位數有限（樓下約 50 位、樓上 10 位），店家對預約把控甚嚴，手續亦較為繁瑣──填寫預約單，收到店家的 E-mail 後須給予回覆，待對方確認回信，如此反覆兩、三次，才得完成手續。

食　聖米迦勒之家 Casa São Miguel

古董器皿盛美味甜點

　　2020 年開業的聖米迦勒之家，為一間立志復興「葡萄牙味覺記憶」的輕食小鋪，供應自家研發的葡式蛋塔、杏仁糕等傳統甜品。不僅食材均為在地生產，盛裝的杯具器皿更是講究──私人珍藏、葡萄牙本地製造的古董陶器與瓷器，讓食客從視覺到味覺皆浸淫在 1920 至 1930 年代的葡國風情中。聖米迦勒之家的店名源於一旁的聖米迦勒壁龕，裝潢採新藝術風格，精緻高雅中蘊含懷舊可愛。擁有鬆脆外皮與香濃塔芯的葡式蛋塔，為店主自豪的招牌商品，其他糕點、飲品亦頗獲好評，亦有販售包裝精美的葡萄牙風味茶、手工果醬、櫻桃酒（ginja）等特色伴手禮。

👍 聖米迦勒之家：

- 📍 R. de São Miguel No 5
- 🕐 09:00～19:00（周二至周四休）
- 🚋 電車 12E、28E 至 Miradouro Sta. Luzia 東南 200 公尺
- 💰 €5～€10
- 🏛 法朵博物館、艾爾雷噴泉遺跡、聖露西亞觀景台、太陽門觀景台
- 🌐 www.casasaomiguel.pt

阿爾法瑪酒窖 Alfama Cellar

舊城區品葡國味

供應葡萄牙料理和葡萄酒的阿爾法瑪酒窖，開幕於 2017 年，位處遊人如織的舊城暨觀光區。店家使用當地農產，透過兼具傳統與創新的手法烹調，營造合乎大眾口味又不偏離葡國菜正軌的佳餚，對於想嘗試道地菜又擔心踩雷的外國食客，可謂穩妥選擇。餐點方面，主餐分量充足、價格實在，海鮮保有食材本身的特色、肉類軟爛入味，前菜章魚沙拉、主餐燉羊排都頗獲好評。酒單部分，店內提供來自葡萄牙小型莊園的特殊酒款，由於品項多元且為小眾品牌，可告知服務生預算範圍和個人喜好，請其給予推薦。

👍 阿爾法瑪酒窖：

- R. dos Remédios 127 131
- 13:30～23:00（周三休）
- 電車 12E、28E 至 Cç. S. Vicente 站東南 300 公尺；地鐵藍 Santa Apolónia 站西南 300 公尺
- €20～€30（魚湯 €5.9、章魚沙拉 €9.9、燉羊排 €17.5）
- 軍事博物館、城外聖文生教堂和修道院
- losttribetravel.com/alfama-cellar-restaurant-lisbon（含預訂座位）

里斯本探索旅圖

- 116 -

食

阿爾法瑪甜點店 Alfama Doce

巷弄裡的甜滋味

　　阿爾法瑪甜點店位於舊城區的狹窄巷內，儘管位處觀光區，卻仍保有在地小店的踏實純樸，經常可見住在附近的資深鄰居，來此喝一杯醇濃 Bica。英語流利的闆娘熱情爽朗，玻璃展示櫃中放置各式葡萄牙特色的甜、鹹點心，僅需 €1、€2 即可品嘗，價格親民、食物正統，飲品如：咖啡與鮮榨柳橙汁等也很獲好評。除皮脆餡柔滑的葡式蛋塔，多拿滋、糕餅等亦不容錯過，如因眼前產品眾多而陷入選擇障礙，可請友善親切的闆娘給予推薦介紹。

👍 **阿爾法瑪甜點店：**

📍 R. da Regueira 39

🕗 08:00 ～ 18:30（周日休）

🚋 電車 12E、28E 至 R. Escolas Gerais 站東南 200 公尺

💶 €5（只收現金，咖啡 €0.6、拿鐵 €1.2、蛋塔 €1.3）

📷 太陽門觀景台、聖露西亞觀景台

Part 4　分區「里」解——分區景點、購物與美食導覽

- 117 -

拉米羅海鮮餐廳 Cervejaria Ramiro

蝦 蟹 控 必 訪

　　由 Ramiro 夫婦主理的海鮮餐廳，以新鮮烹調的魚、蝦、螃蟹等為賣點，每日吸引大批國內外遊客慕名而來。為免向隅，不妨盡早透過官網訂位（訂金採人頭計價、刷卡支付，1 位 €25），或提早至門口抽號碼條排隊，用餐時間排 1、2 小時都屬正常。店內俐落有型的服務生總是奔忙，幸而面對顧客尚能保持親切，服務亦體貼入微。入座後，可先欣賞附有圖片、包括中文在內的線上完整菜單、確定菜式，再向服務人員點餐。除定價料理，還有現點現撈、明碼實價（標註每公斤價格）的秤重海鮮運作方式類似於台灣的海鮮熱炒餐廳。用餐前，服務生會先送上一盤奶油蒜香麵包的付費開胃小菜（€3.9，類似小費的概念），口味與溫度都稱上乘，建議留下食用。

　　眾料理中，以蒜油泡蝦仁（也可選擇蛤蜊、竹蟶版本）、冷拌蜘蛛蟹黃與清蒸蜘蛛蟹（蟹黃鮮美偏鹹）最為馳名。別具特色的龜爪藤壺（一種生於潮間帶岩縫、貌似烏龜腳的節肢動物，馬祖當地稱作佛手），也是店家推薦的嘗鮮品項，它的食用方式奇特而爽快──自硬殼處折斷，即可抽出 Q 脆略帶鹹味的貝肉。海鮮佳餚外，拉米羅的牛肉豬扒包也堪稱一絕，肉質軟嫩、飽含肉汁，加上黃芥末更添風味。整體而言，食材新鮮、料理出色、物有所值，嗜吃海味的饕客切莫錯過。

拉米羅海鮮餐廳：

- Av. Alm. Reis 1 H
- 12:00 ～ 00:00（周一休）
- 電車 28E 至 Rua da Palma 站
- €30 起（龜爪藤壺 €8.67 每百公克、蒜油泡蛤蜊 €15.7、清蒸蜘蛛蟹 €80 左右（每公克約 €38）、牛扒包 €8.76）
- 山上聖母觀景台、恩寵觀景台
- www.cervejariaramiro.com（含預訂座位）

里斯本探索旅圖

食 阿方索豬扒包 As Bifanas do Afonso

萬眾矚目的排隊名店

　　自下城電梯往城堡電梯途中，必見到一條排隊長龍，隊伍時而個位數、時而雙位數，唯一可確定的是，店門前與鄰近公園，都可見饕客不顧形象、「對街而食」的爽快場景。隊伍的盡頭就是始終熱火朝天的小吃店──阿方索豬扒包，其明星商品正是夾入滷煮豬、牛肉厚片的葡式 B 級美食──豬扒包。店家從麵包到肉排都屬上乘，加上價格優惠，輔以特製調味料──黃芥末與 Piri-Piri 辣油加持，立刻擠進老饕們的口袋名單。過客、遊人見此盛況，也跟著「不明就裡」地排，人云亦云的善循環，造就終日不得閒的熱賣浪潮。如時間和腸胃允許，請務必避開用餐時間，便能輕鬆省下 30、40 分的排隊苦刑。

👍 **阿方索豬扒包：**

📍 R. da Madalena 146

🕐 平日 08:00〜18:30、周六 09:00〜13:30（周日休）

💶 €5（豬扒包 €3、起司豬扒包 €4.5）

📍 下城電梯、城堡電梯、法朵塗鴉觀景點

食

燈籠祕境中餐廳 Chinês Clandestino

收服洋味蕾的酸甜味

　　Martim Moniz 地鐵站除是交通要衝，周圍還有法朵文創街區，與中國及印度等亞洲移民聚居的社區，當地也有不少亞洲商舖，諸如：華人超市與中餐、越南菜、印度超市或日本料理店。其中，一間隱身巷弄舊屋宇 2 樓的燈籠祕境中餐廳，竟成為老外口耳相傳、念念不忘的好滋味，店內總是高朋滿座，而且多數都是葡萄牙本地人。

　　基本上，這類「開在外國的好評中餐館」無論食材、調味甚或菜名，都已因地制宜且有所調整，雖不一定道地但肯定投當地人所好。一如燈籠祕境中餐館菜單封面的「9 度酸甜」，店家長於烹調酸甜口的料理，從熟悉的糖醋肉、糖醋雞到糖醋蝦、糖醋豆腐，皆屬調味酸甜恰好、口感外酥裡嫩。不僅如此，來自青島的老闆夫婦自製的煎餃（肉餡有放花椒油、風味獨特；素餡為韭菜雞蛋，清甜爽口）亦廣受青睞，自製辣油辛香味足，帶有醬香的燒豆腐與雞肉也頗得人心。

　　餐廳位於 2 樓，門面只見一串紅燈籠而無招牌，儘管店名為「9 度酸甜」，卻因位置神祕與僅於晚間營業的特徵，而得「Chinês Clandestino」（意譯祕密的中國人）的暱稱。據親切和善的闆娘介紹，餐館開業 14 年（約始於 2010 年），除聖誕節外全年無休，雖僅於晚餐時段營業，白天也都投入備料工作，確是中國人異鄉打拼的又一例證。

👍 燈籠祕境中餐廳：

- 📍 R. da Guia 9 1
- 🕐 18:30 ～ 23:00
- 🚋 電車 12E 至 Lg. Terreirinho 站往西 100 公尺；地鐵綠 Martim Moniz 站東南 150 公尺
- 💶 €10 ～ €25（只收現金，炒麵 €6.2、糖醋雞 €6.7、煎餃 €6.7）
- 🔗 法朵塗鴉觀景點、恩寵觀景台、聖喬治城堡

Part 4 分區「里」解──分區景點、購物與美食導覽

- 121 -

{ 龐巴爾下城 Baixa +
羅西歐 Rossio 周邊 }

　　龐巴爾下城的商業廣場至羅西歐廣場周邊，以奧古斯塔商業街為中軸，兩側各類店鋪林立，為里斯本商業活動最密集的區域。講到下城區，必會提及造就今日榮景的龐巴爾侯爵（Marquês de Pombal）。1755 年里斯本大地震後，繼之而來的海嘯與火災近乎將這裡夷為平地。眼見人心惶惶、百廢待舉，身為內政國務大臣的龐巴爾侯爵，以雷厲風行的鐵血手段，旋風式推動大規模的復興工程，其中就包括下城區的全面重建。龐巴爾侯爵對城市規劃訂定嚴格規範，可謂城市規劃的先驅，他對下城區的建樹包括：棋盤式的道路設計和樓宇規劃（底層為商業用途、上層為住宅，天花板高度與窗戶格式統一等），興建污水下水道、建立隔絕火勢蔓延的防災牆、廣設滅火專用的消防水井等。此外，龐巴爾侯爵更透過讓軍隊在房屋模型旁踏步的小型實驗，找出最能抵抗地面震動的建物結構，從而設計出人類史上第一批抗震建築——以對稱格框架分散震幅的「龐巴爾籠子」（gaiola pombalina）。

　　悠長的歷史背景，使下城區擁有多間百年老店，從文人墨客最愛的咖啡廳到平民百姓偏好的雜貨鋪、糕餅店，都有屬於自己的故事。不僅如此，這裡還能嘗到資格最老的豬扒包與首屈一指的海鮮燉飯，徹底滿足觀光客的感官需求。

龐巴爾下城Baixa與羅西歐Rossio周邊地圖

聖母無玷始胎舊堂
Igreja de Nossa Senhora da Conceição Velha

倖存的壯觀立面

　　聖母無玷始胎舊堂毗鄰商業廣場，名稱中的「聖母無玷始胎」，源於天主教的教義——聖母無染原罪（葡文 Imaculada Conceição），即聖母瑪利亞在耶穌靈魂注入其童貞肉身時，已成為免於情慾原罪玷染、蒙受天主特恩的「滿被聖寵者」。教堂前身為葡萄牙國王曼努埃爾一世（Manuel I）下令建造、1534 年竣工的慈悲聖母堂（Igreja de Nossa Senhora da Misericórdia），此為曼努埃爾統治期間里斯本的第二大天主堂，規模僅次貝倫的熱羅尼莫斯修道院。1755 年，里斯本大地震致市內大量建築毀壞，教堂的拱型天花板與鐘樓等同樣難逃一劫，幸而立面未遭損害，與熱羅尼莫斯修道院、貝倫塔同為自大地震倖存的曼努埃爾式建築。今日所見的教堂本體，為 18 世紀以降陸續修建的結果，其曼努埃爾風格立面在整修時，又結合哥德式與文藝復興元素，形成多重風格疊加的複合美感。2013 年，葡萄牙慈善組織里斯本仁慈之家（Santa Casa da Misericórdia de Lisboa）資助 110 萬歐元，進行耗時 1 年的修復工程，進一步改善內部裝飾陳舊黯淡的缺失。

推薦指數：★★★★

- Rua da Alfândega 108
- 平日 10:00 ～ 20:00；假日 10:00 ～ 13:00；15:00 ～ 18:00
- 免費
- 電車 28E 至 Sé 站 350 公尺；地鐵藍 Terreiro do Paço 地鐵站往北 250 公尺

景

商業廣場 Praça do Comércio

見證里斯本今昔

　　毗鄰太加斯河的商業廣場，為面向港口的大型廣場，總面積3.6萬平方公尺（180 x 200公尺）。廣場原址為16世紀初竣工的里韋拉宮（Paço da Ribeira），爾後發展為葡萄牙國王的居所與帝國的指揮中心。商業廣場命運的轉折發生在1755年的里斯本大地震，繼之引起的海嘯與火災，將里韋拉宮徹底摧毀。負責災後重建重任的龐巴爾侯爵，並未選擇恢復宮殿，而是將這裡納入下城區的一部分，由建築師Eugénio dos Santos統一規劃。新建成的廣場屬新古典風格，外觀為「U型」的長方格局，初期兩側對稱建築內皆為管理海關和港口運輸的政府部門，基於這些單位對里斯本經濟的重要性，而將其定名為商業廣場（另一說是向捐贈重建資金的資本家致敬而得名）。此後，廣場周圍建築被不同公務機構使用，目前則為政府部門、文化與旅遊項目、餐廳與咖啡館並存的多元空間。

- 125 -

商業廣場北側、連結奧古斯塔商業街的凱旋門（Arco da Rua Augusta），始建於 1759 年，延宕至 1873 年才告完工，其目的在彰顯城市於大地震後的重生。拱門以 6 根高 11 公尺的石柱為基礎，頂部的羅馬寓言群石雕出自法籍雕塑家 Célestin Anatole Calmels 創作，描述榮耀女神 Glory 分別為女傑 Valor（美德）與英雄 Genius（天才）加冕，祂腳下的拉丁銘文為對葡萄牙帝國致敬，最後一個縮寫詞「P.P.D.」意指「用人民的錢建造」，即凱旋門的預算是來自公共資金，沒有受到任何贊助人的干擾。銘文下方中央為葡萄牙國徽，兩側分別為對葡國影響深遠的龐巴爾侯爵（面向拱門的右側）與達伽馬（左）等重要名人，斜臥的人物則分別象徵太加斯河及杜羅河。遊客可購票乘電梯至凱旋門頂層參觀，近距離欣賞精緻雕刻外，亦可環視城區 360 度風光。

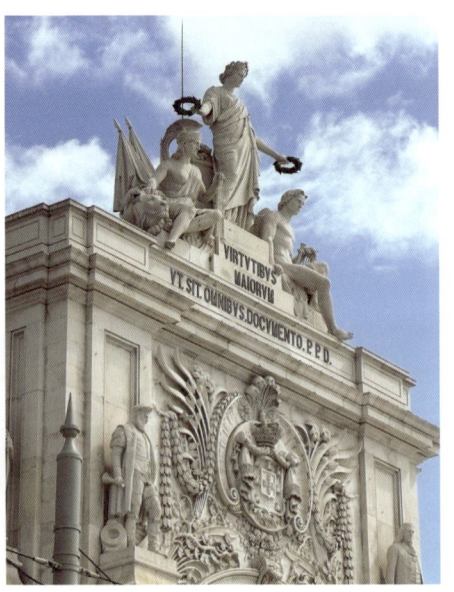

　　廣場中央為地震發生時的國王——若瑟一世（Joseph I of Portugal）騎馬像，雕像豎立於 1775 年，由當時最負名望的雕刻家 Joaquim Machado de Castro 設計。南面至河濱的兩支石柱（Cais das Colunas），為大地震前的城市之門，過去是皇室出行、歸返或賓客來訪的登陸點，今日則為民眾散步放鬆、欣賞夕陽的休憩平台。作為里斯本的政經中心，商業廣場見證多個影響葡萄牙政局走向的歷史事件。其中最轟動的，莫過於 1908 年、44 歲的國王卡洛斯一世（Carlos I）與 20 歲的王儲路易‧菲利普（Luís Filipe）驅車行經時遭暗殺身亡，噩耗正式敲響王室喪鐘，繼承者曼努埃爾二世（Manuel II）僅延續王權兩年後就遭廢黜，葡萄牙也就此邁向第一共和時代。

商業廣場

👍 推薦指數：★★★★★

- 📍 Praça do Comércio
- 🚊 電車 28E 至 R. Conceição 站西南 300 公尺；地鐵藍 Terreiro do Paço 站西北 300 公尺

凱旋門

👍 推薦指數：★★★★☆

- 📍 R. Augusta 2
- 🕙 10:00～19:00
- 💰 €3.5
- ⭐ 持里斯本卡免費
- 🚊 電車 28E 至 R. Conceição 站西南 200 公尺；地鐵藍 Terreiro do Paço 站西北 400 公尺

景

里斯本故事館 Lisboa Story Centre

60 分鐘城市史

位於（面向）凱旋門右側、與旅客服務處合併設置的里斯本故事館，是以多媒體互動管道、依時間序講述城市歷史的沉浸式體驗機構。故事以涵蓋河流、陸地、天空的史前神話為起點，再敘述被摩爾人殖民、建立葡萄牙王國、大航海時代、征服殖民地與躍升國際都市的進程，還原每個重要的歷史時刻。鑑於 1755 年里斯本大地震對當地的嚴重損害及後續影響，館方對此有較深刻的探討，重點描繪龐巴爾侯爵對下城區的規劃與願景。相較以收藏和展示為主的博物館，故事

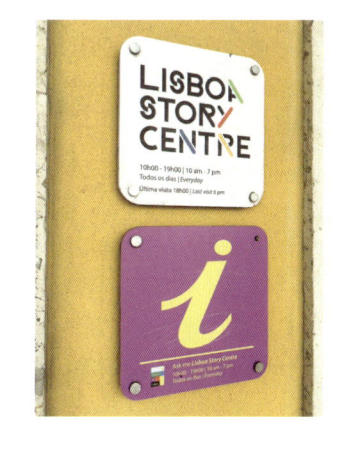

館則在深入淺出的科普教育，讓遊客對里斯本建立基礎概念的同時，也有助於提升對各景點的認識。里斯本故事館每趟旅程為 60 分鐘，配有含漢語在內的語音導覽。

推薦指數：★★★★

- Praça do Comércio 78
- 10:00 ～ 19:00
- €7.5
- 持里斯本卡免費
- 電車 28E 至 R. Conceição 站往南 250 公尺
- www.lisboastorycentre.pt

景 奧古斯塔商業街 Rua Augusta

里斯本「一街」

位於龐巴爾下城的奧古斯塔商業街，為長 550 公尺的商業步行街，路面以葡萄牙傳統的鵝卵石鋪設，其全名為「Rua da Augusta Figura do Rei」，目的為紀念綽號「改革者」的國王若瑟一世。街道以凱旋門為起點，連接商業廣場與羅西歐廣場，是里斯本最熱鬧的街區，終日不分晝夜人聲鼎沸、川流不息。商業街自 1984 年起禁止車輛通行，兩側商店、餐廳、咖啡館與國際知名品牌林立，中央則常為露天座位區和街頭藝人、流動小販占據。

里斯本探索旅圖

- 128 -

> 推薦指數：★★★★★
>
> ◎ Rua Augusta
>
> ⓢ 電車 28E 至 R. Conceição 站往北；地鐵藍 Terreiro do Paço 站往北、地鐵藍 + 綠 Baixa-Chiado 站往東、地鐵綠 Rossio 站往南

景

無花果廣場 Praça da Figueira

從市場變廣場

　　位處龐巴爾下城區交通樞紐的無花果廣場，四面圍繞規劃整齊的四層建築，目前多作為飯店、商鋪、咖啡館等商業用途。回顧廣場歷史，16 世紀時為該市最重要的皇家諸聖醫院（Hospital Real de Todos os Santos）所在地，惜毀於 1755 年的里斯本大地震。1775 年，龐巴爾侯爵為解決里斯本缺乏中央市場的問題，將此地改作露天市場。期間，政府陸續對市場環境與建築加以改進，至 19 世紀末，已形成占地 8 千平方公尺、擁有 3 座中殿與 4 個圓頂塔樓的大型鐵製商場。

　　1947 年，市政府決定將建物拆除，改建為開放式廣場。中央豎立 1971 年創作的「祖國的捍衛者」約翰一世（João I）青銅騎馬雕像，它出自葡萄牙 20 世紀最知名的現代主義藝術家 Leopoldo de Almeida 之手，此人擅長塑造歷史人物肖像與宗教主題雕塑，並接受多個里斯本與波爾圖的公共空間設計委託，其中也包括貝倫的著名景點——發現者紀念碑。

> 推薦指數：★★★★☆
>
> ◎ Praça da Figueira
>
> ⓢ 地鐵綠 Rossio 站

- 129 -

景 羅西歐廣場 Praça do Rossio

見證里斯本千年史

　　地處中心位置的羅西歐廣場，與商業廣場、無花果廣場並列里斯本市內 3 大廣場，羅西歐一詞源於古葡萄牙語的「公用地」（亦有說法是無人居住的田野），自中世紀以來即為市民舉辦慶祝活動、革命抗議、宗教審判、鬥牛活動甚至公開處決的重要場所。相較廣為人知的別名，它的正式名稱其實是「佩德羅四世廣場」（Praça de D. Pedro IV），中央豎立高 27.5 公尺、葡萄牙第 28 任國王暨巴西第一位皇帝——佩德羅四世（Pedro IV）的加冕紀念柱。紀念柱於 1870 年落成，佩德羅四世身穿將軍制服、披皇室斗篷、頭上戴著桂冠，右手持著憲法憲章。廣場南、北兩側各有一座造型典雅的巴洛克式噴泉。黑白色調與波浪構圖的地面，為 19 世紀中使用玄武岩和石灰石鋪設的葡式碎石路（Calçada Portuguesa，葡萄牙及其殖民地常見鋪砌路面的傳統工法），這也是市區最早使用此類設計的地面之一。

　　遊人如織的羅西歐廣場，無論是旅途中小憩或作為徒步漫遊的起點都很適合。廣場四周商戶林立，有裝飾繽紛的罐頭紀念品店、計程車招呼站、旅行社與咖啡館，如適逢 5 月藍花楹盛開季節，氣氛更添雅致。

推薦指數：★★★★★

- Praça do Rossio
- 地鐵綠 Rossio 站

羅西歐車站
Estação Ferroviária do Rossio

乘車、賞景兩不誤

　　毗鄰羅西歐廣場的羅西歐車站，現專營「里斯本—辛特拉」線（Linha de Sintra），為旅客前往西側觀光城鎮——辛特拉（Sintra）的主要渠道。車站由葡萄牙建築師 José Luís Monteiro 於 1886 至 1887 年間規劃，1890 年落成，為葡萄牙 19 世紀最重要的公共建設之一。作為現役火車站，羅西歐車站除運輸功能，亦富含旅遊價值。車站立面採曼努埃爾風格，有豐富的雕刻裝飾，最明顯的特色為兩個交疊的馬蹄形入口，與交疊處壁龕內一尊國王塞巴斯蒂安（D. Sebastião）的全身塑像；內部為鑄鐵結構，乘車月台牆面有系列融合宗教與里斯本著名景點的磁磚畫。可惜的是，塞巴斯蒂安雕像於 2016 年 5 月遭到損毀—— 24 歲男子爬上車站外牆，嘗試「摟著國王」自拍時，不慎將這尊 126 年的古蹟打落，導致這位早逝的國王破成 90 塊碎片，目前所見為 2021 年重新擺放於此的複製品。

　　羅西歐車站最初被設計為終點站，初期定名為中央車站（Estação Central），開通後即取代鄰近商業廣場的聖塔阿波羅車站，躍居里斯本的火車運輸中心。期間，站內曾發生一件震動葡萄牙政局的暗殺事件——1918 年，極富爭議的第四任總統西多尼奧・派斯（Sidónio Bernardino Cardoso da Silva Pais）欲乘火車赴波爾圖時，於羅西歐車站遭左翼人士刺殺身亡，使葡國陷入長達 8 年的政治動盪。1955 年，長途班次重返聖塔阿波羅車站，羅西歐車站仍為西線（Linha do Oeste）的終點站。1980 年代下半，車站再與西線分離，僅存與辛特拉間的接駁線路。

推薦指數：★★★★☆

- R. 1º de Dezembro 125
- 地鐵藍 Restauradores 站東南 100 公尺；
  地鐵綠 Rossio 站西北 200 公尺

景 聖多明我堂 Igreja de São Domingos

榮耀與天災融為一體

　　地處羅西歐與無花果廣場間的聖多明我堂，為一座建築與裝飾風格相當多元的羅馬天主教堂。聖多明我堂奠基於 1241 年，由國王桑喬二世（Sancho II）下令建造，隸屬天主教多明我會，此後歷經數度天災人禍和修復改建。遺憾的是，教堂甫於 1748 年整修完畢，就因 7 年後的里斯本大地震遭受重創，祭壇上精緻的畫作與銀製器具也消失無蹤。幸而重建工程很快展開，繼任建築師不只盡量依照先前設計，更加添宏偉元素。恢復昔日榮光的聖多明我堂，於 1834 年重新開放，美輪美奐的鍍金祭壇與細膩典雅的宗教繪畫，皆屬極致之作。

　　聖多明我堂不僅是可容納 2 千多名信徒的里斯本最大教堂之一，更成為國家重大宗教儀式與皇家婚、喪禮的舉行地點。遺憾的是，災難命運並未休止，聖多明我堂在 1959 年又逢祝融之災，內飾近乎毀於一旦。經過 30 餘年翻修，於 1994 年再次對外開放，修復團隊選擇保留火災痕跡，形成華麗與傷痕並存的視覺體驗。

聖多明我堂位於里斯本市內傳統的外國人聚居區，現以非洲裔移民居多。堂前同名廣場（Largo de São Domingos）立有一座 2008 年落成、中央星狀圖樣的圓形石碑，目的在紀念 16 世紀初發生的「里斯本大屠殺」。事件源於自 1497 年起，當地猶太人被迫轉信天主教，否則極可能遭受羞辱與殺害。1506 年 4 月 19 日，信徒正在聖多明我堂祈禱乾旱與瘟疫早日結束，此時一道光芒照在耶穌基督的面容，情景被天主教徒視為奇蹟。此時，一名參與彌撒的「新教徒」（即遭強迫改信天主教的猶太人）認為奇蹟只是光的反射，相左立場致使群情激憤，部分激烈的教徒更將這名猶太人圍毆身亡。此後，人們在聖多明我會修士的煽動下，將所有災難歸責於猶太人，更於聖多明我廣場進行為時 3 日的屠殺異端行動。「大屠殺」最終造成逾 4 千名猶太人（占全市猶太人 25%）死亡，大量猶太家庭遭驅逐，為葡萄牙史上最嚴重的排外慘案。時至今日，當地除紀念大屠殺逝者的紀念碑，還有一面用 34 種語言寫著「里斯本，寬容之城」的牆面，讓世人銘記錯誤、以史為鑑。

- 推薦指數：★★★★☆
- Largo São Domingos
- 07:30 ～ 19:00
- 免費
- 地鐵綠 Rossio 站往北 100 公尺

景　瑪麗亞二世國家劇院
Teatro Nacional D. Maria II

表　演　藝　術　殿　堂

　　瑪麗亞二世國家劇院位於羅西歐廣場北側，為葡萄牙最負盛名且歷史悠久的表演場館。劇院的前身為 15 世紀中興建的埃斯塔斯宮（Palácio dos Estaus），當時是訪問里斯本的外國政要與貴族的住所，宮殿雖躲過 1755 年的大地震，卻毀於 1836 年的祝融之災。爾後，在葡萄牙詩人阿爾梅達・加勒特（Almeida Garrett）的倡議下，決定興建一座獻給葡萄牙女王瑪麗亞二世（Maria II）、足為國家門面的現代劇院。

瑪麗亞二世國家劇院建於 1842 至 1846 年間，由義籍建築師福爾圖洛（Fortunato Lodi）設計，為里斯本最具代表性的帕拉第奧式新古典主義建築（注重古羅馬與希臘建築的對稱思想與價值）。立面特徵為六柱式門廊，三角楣飾（建築橫梁上的三角形區域）兩側為阿波羅和繆斯的浮雕女神，頂部雕像是西方文學最偉大的劇作家之一、「葡萄牙戲劇之父」維特森（Gil Vicente）。劇院內部原本裝飾許多 19 世紀葡萄牙知名藝術家的作品，唯大多因 1964 年的火災付之一炬，劇院為此再度翻修，1978 年重新啟用。劇院內設有不同功能的廳室，舉辦各種類型的藝文活動，觀眾可於官網查詢表演資訊與訂購票券。

推薦指數：★★★★

- Praça Dom Pedro IV
- 周一 10:00 ～ 14:00、周二與周日 14:00 ～ 19:00、周三至周六 12:00 ～ 20:00
- 地鐵綠 Rossio 站往北 100 公尺
- www.tndm.pt

購 達基諾帽館 Chapelaria d'Aquino

llllllllll 令人眼睛一亮的美帽櫥窗

位處商業廣場旁巷弄的達基諾帽店，由來自帽子世家的 Rita Rua 和 Ana Silva 聯手打造，販售經典款或具現代設計感的裝飾性帽子，種類涵蓋貝雷帽、禮帽、騎馬帽、草帽、頭巾等。店名中的 D'Aquino 是為紀念 Rita 的曾祖父、一位里斯本帽店的經營者。商品從模具到組合均為純手工縫紉、葡萄牙製造，兼具優雅時尚、美觀與實用性。值得一提的是，帽館的櫥窗擺設堪稱教授等級，透過恰到好處的色彩搭配和佈局規劃，將商品提升至藝品，路過時很難不對其行注目禮。此外，櫥窗裡的每頂帽子均為明碼實價，多項具質感的「美帽」也僅需 €30、€40 左右。

達基諾帽館：

- R. do Comércio 16
- 10:00～19:00（周日休）
- 電車 12E、28E 至 Igreja Sta. Maria Madalena 站往西南 150 公尺；地鐵藍 Terreiro do Paço 站西北 350 公尺
- 業廣場、奧古斯塔商業街、聖母無玷始胎舊堂

購 里斯本罐頭工坊 Conserveira de Lisboa

llllllllll 罐裝魚、紙包罐

濱海的葡萄牙漁獲豐富，但在冷凍冷藏尚未發達的百餘年前，保存海鮮卻成

- 135 -

一大難題。傳統的鹽漬、風乾等方式雖可延緩腐壞，但風味與口感仍與新鮮有相當差異。鮮食儲存的限制，至 19 世紀陸續在法國人尼古拉・阿佩爾（Nicolas Appert）開創的玻璃氣密保存法（將食物放入玻璃瓶中封口，再浸入沸水中烹煮），以及英國商人彼得・杜蘭德（Peter Durand）將容器從玻璃材質改為錫罐的發明，才有了關鍵性的突破。葡萄牙人習得以上技術後，開始廣泛應用在四季捕撈的魚貨，將其烹煮、消毒與封罐，形成今日聞名世界的葡萄牙海鮮罐頭。

　　1930 年開業的里斯本罐頭工坊，最初為雜貨鋪，1942 年轉型為罐頭專賣店。期間歷經罐頭製造業的高峰，也曾於 1960、1970 年代面臨冷凍食品崛起、消費習慣改變等挑戰，所幸種種危機都在店主的堅持和變通下順利度過。時序邁入 21 世紀，店家在專業設計團隊的協助下重新裝潢，內飾保留復古元素，讓客感受溫潤樸實的舊時情懷。可貴的是，在機械化自動生產與塑膠袋裝已成常態的今日，工坊依舊採手工貼標、牛皮紙、細麻繩綑紮的方式，同時保持一以貫之地客製化服務精神──詢問顧客口味偏好，推薦合適產品，不因隊伍綿延而有所變動。

　　里斯本罐頭工坊始終有創建與註冊自身品牌的遠見，目前保有 Tricana、Prata do Mar 與 Minor 等 3 個商標，分別以賣魚女、汪洋帆船與貓咪舔舌為代表圖像。Tricana 種類最豐，品項涵蓋沙丁魚、鮪魚、鱈魚、鯖魚、鰻魚、墨魚、鮭魚、魚卵；Prata do Mar 為各類魚塊、中型魚排及海鮮慕斯，適合用作配菜；Minor 以小型魚類、海鮮抹醬為主。調味方面，除純粹的橄欖油漬，也有番茄醬、咖哩、檸檬、大蒜、醋與洋蔥等各種風味。品牌差異外，外包裝同樣暗藏玄機──經煙燻處理的為灰色、無則為彩色，另也有與葡萄牙藝術家或文創店合作的聯名限定款。

👍 **里斯本罐頭工坊：**

📍 R. dos Bacalhoeiros 34

🕐 10:00 ～ 19:00（周日休）

🚋 電車 12E、28E 至 Sé 站西南 200 公尺；地鐵藍 Terreiro do Paço 站往北 350 公尺

📍 聖母無玷始胎舊堂、聖安東尼堂、里斯本主教座堂、商業廣場、奧古斯塔商業街

🔗 conserveiradelisboa.pt

里斯本探索旅圖

購 魚罐頭百貨 Loja das Conservas

葡國罐頭大全

　　販售各類海鮮罐頭的魚罐頭百貨，是由全國罐頭食品工業協會（Associação Nacional dos Industriais de Conservas de Pe，簡稱 ANICP）成立的專賣門市。店內商品涵蓋葡萄牙 19 間廠商、超過 300 款罐頭，依照品牌擺放並附上簡要介紹，種類齊全、陳設清晰。除依照自我喜好挑選，也可請店員給予推薦，店鋪旁還有一間同名小吃店「Loja das Conservas Petiscos」，可品嚐由罐頭搖身一變的盤中珍饈。

👍 魚罐頭百貨：

- 📍 Rua do Arsenal 130
- 🕐 平日 10:00～20:00、假日 10:00～21:00
- 🚋 電車 25E 至 Corpo Santo 站；電車 12E、28E 至 R. Vitor Cordon / R. Serpa Pinto 站往南 150 公尺；地鐵綠 Cais do Sodré 站東北 350 公尺
- 商業廣場、粉紅街區、奧古斯塔商業街
- 🌐 www.facebook.com/lojadasconservas

購 馬利歐之家 Casa Macário

～～～～～～～ 以灰塵為勳章的百年老店

　　1913 年開業的馬利歐之家，是一間在奧古斯塔商業街屹立超過百年的雜貨老店。商家主要販售飲料、巧克力、咖啡、茶、糖果等食品百貨，同時也是購買酒類產品的好所在，諸如：波特酒、白蘭地、氣泡酒、琴酒、伏特加、威士忌等均有銷售，擁有專業知識的員工也會給予適當協助。馬利歐之家的悠久歷史，可從店鋪門口地下的磁磚字樣──Café, Chá e Chocolates|274–272 獲得印證，不僅如此，入口處還有一面提示牌寫著「請勿清潔瓶子」，嘗試用無法復刻的厚重塵埃，體現老店踏實累積的歲歲年年。

👍 馬利歐之家：

- 📍 R. Augusta 272
- 🕙 10:00 ～ 19:00（周日延至 14:00 開門）
- 🚇 地鐵綠 Rossio 站往南 150 公尺
- 🔗 奧古斯塔商業街、無花果廣場、羅西歐廣場、聖胡斯塔電梯
- 🌐 www.facebook.com/CasaMacario

里斯本探索旅圖

購 席爾瓦熟食店 Manteigaria Silva

葡萄牙最悠久的熟食鋪

位於無花果廣場旁的席爾瓦熟食店，為販售起司、火腿、馬介休、香腸、果醬、果乾與各式酒類的雜貨鋪。熟食店的歷史可追溯至 1922 年，初期銷售當時非常昂貴、來自亞速爾群島的奶油及其衍生品，店名中的「Manteigaria」即是葡萄牙語中的奶油。1930 年，店鋪擴張至今日規模，一邊售賣奶油，另一邊為肉店，之後再將觸角延伸至乾貨食品。近百年間，席瓦爾熟食店一直保持著傳統裝潢與陳設，櫃台上方懸吊著燻火腿，貨架上擁擠地擺放著波特酒與 XO 等名酒，玻璃櫃內為辣味香腸（chouriço）、葡國蒜腸（Alheira，葡籍猶太人發明的非豬肉腸）與各種起司，另一側可見各式香料、罐頭、瓶裝醬料與裸裝馬介休等，也供應生火腿三明治、切塊起司、麵包等簡易輕食。

👍 席爾瓦熟食店：

- 📍 Rua D. Antão de Almada 1 C e D
- 🕐 09:00～19:00（周日休）
- Ⓢ 地鐵綠 Rossio 站
- 🏛 無花果廣場、羅西歐廣場、聖多明我堂
- 🌐 manteigariasilva.pt

Part 4 分區「里」解——分區景點、購物與美食導覽

- 139 -

食

馬蒂尼奧餐館 Martinho da Arcada

百年老店的傳統風情

營運逾 200 年的馬蒂尼奧咖啡館，地處商業廣場東北側拱廊下的聯通店面，供應道地葡萄牙風味料理與甜點，為市內現存最古老的餐飲店。咖啡館的前身為 1778 年開業、販售飲料與冰塊的小店，至 5 年後的 1782 年，震後重建工程完畢，餐館才得於現址開幕。馬蒂尼奧餐館的綿長歷史與地利之便，使它成為葡國文學家與詩人的聚集地，藝文界人士如：作家喬賽・薩拉馬戈（José Saramago）、畫家儒利奧・波馬爾（Júlio Pomar）、導演曼諾・迪・奧利維拉（Manoel Cândido Pinto de Oliveira）等均是座上賓，店內懸掛的舊照片即可窺知昔日輝煌，國寶級作家費爾南多・佩索亞（Fernando Pessoa，1888～1935）曾使用的桌子，為其中最大亮點，據說他是這裡的常客，也在此喝下人生最後一杯咖啡。

除豐厚的人文歷史背景，馬蒂尼奧咖啡館也致力提供正宗的葡萄牙美食，食客得在此品嘗延續百年的傳統風味。主餐部分，烤沙丁魚（Sardinhas Assadas）、焗烤馬介休（Bacalhau Espiritual）、炸鱈魚球、葡式牛排（Bife á Martinho，厚牛排下方墊有薯片，再淋上特調奶油咖啡醬）、葡式鱈魚排（Bacalhau à Martinho）、葡式海鮮燉飯等，均有相當水準。不只鹹食，咖啡與甜點同樣出色，前者曾於 1999 年獲《咖啡指南》（Café Creme Guide）選為歐洲最佳咖啡館之一；後者則有包含葡式蛋塔在內的多款傳統甜品，其中最推薦外型似雲朵的蘋果蛋白霜（Merengue de Maçã），它是以蘋果、蛋、煉乳及糖經繁複工序製作，蘊含酥脆綿滑濃潤等多重口感。

▲ 蘋果蛋白霜　▲ 咖啡館牆上的費爾南多・佩索亞

👍 馬蒂尼奧餐館：

- 📍 Praça do Comércio 3
- 🕐 12:00～15:00、19:00～22:00
- 🚋 電車 12E、28E 至 R. Conceição 站往南 200 公尺；地鐵藍 Terreiro do Paço 站西北 400 公尺
- 💶 €20～€45（當日特餐 €6.75、排餐 €20 起）
- 🗺 商業廣場、奧古斯塔商業街
- 🌐 www.martinhodaarcada.pt

里斯本探索旅圖

葡萄牙品酒館 Wines of Portugal

葡國佳釀薈萃

　　1997 年成立的葡萄酒協會「ViniPortugal」，旨在透過系統性的選拔和管理，推廣葡萄牙本地的葡萄酒品牌。協會在里斯本與波爾圖設有兩座品酒館，讓訪客能輕鬆小酌來自葡國各地、超過 1,500 種的葡萄酒。館內設置自助斟酒機，購買儲值卡後，再依照步驟指示操作，即能以幾歐元的費用，試飲數杯 15ml 的紅、白佳釀。如欲學習更多關於波特酒、氣泡酒等酒品知識，也可參與品酒館組織的付費主題活動。

👍 葡萄牙品酒館：

- 📍 Terreiro do Paço 西翼中間
- 🕐 4 月至 10 月 12:00 ～ 20:00；11 月至 3 月 11:00 ～ 19:00（周日休）
- 🚊 電車 28E 至 R. Conceição 站西南 400 公尺；地鐵藍 Terreiro do Paço 站西北 500 公尺
- 💶 €4 起
- 🏛 商業廣場、奧古斯塔商業街
- 🌐 www.winesofportugal.com

Part 4　分區「里」解──分區景點、購物與美食導覽

- 141 -

里斯本尼古拉斯咖啡館
Nicolau Lisboa

豐盛早餐開啟養生一天

2016年夏季開業的里斯本尼古拉斯咖啡館，為當地廣受好評的葡萄牙連鎖早午餐廳，雖位處觀光客雲集的市中心，仍具備經濟實惠、份量充足的優點。除豐盛非常的早午餐套餐和純素料理，其餘班尼迪克蛋、沙拉與法式吐司、漢堡、鬆餅等亦十分出色，食材新鮮、調味恰好、擺盤用心，用餐環境洋溢休閒舒適的度假氛圍。慕名而來的食客絡繹不絕，導致用餐時段經常滿座，候位20、30分也屬常見，如確定造訪時間，建議提前網路訂位。

飲品方面，店內不僅供應咖啡、冰沙、果汁、茶類與啤酒、葡萄酒、雞尾酒等常見款式，還有特製的健體調和果菜汁，包括：一小杯建議餐前飲用的醒神 shot（Wake up shot）——薑黃、薑和檸檬；綠色排毒——菠菜、芹菜、柳橙、香蕉、薑與奇亞籽；夏日之夢——橘子、紅蘿蔔和薑，吃得美味亦能得到健康。

👍 里斯本尼古拉斯咖啡館：

- 📍 R. de São Nicolau 17
- 🕐 08:30～22:30
- 🚊 電車 12E、28E 至 R. Conceição 站往東 250 公尺；地鐵藍＋綠 Baixa-Chiado 站東南 300 公尺
- 💰 €10～€20（法國吐司 €6.3、尼古拉斯漢堡 €11、班尼迪克蛋 €8、醒神 shot€2、特調果汁 €4）
- 🏛 奧古斯塔商業街、商業廣場
- 🌐 www.ilovenicolau.com/en/menus/nicolau/（Google Maps 線上訂位，可享最高 30% 折扣）

Part 4 分區「里」解——分區景點、購物與美食導覽

- 143 -

食

里斯本海鮮屋 Marisqueira Uma

馳名亞洲的葡式海鮮燉飯

1988 年開業的里斯本海鮮屋，是一間名聲極為響亮的海鮮燉飯（Arroz de Marisco）專門店，看板明星就是這款真材實料的傳統料理。海鮮燉飯按人頭計價，由於是現點現製，入座點餐後至少須等候 15～25 分鐘。上桌時，盛裝在厚鋁鍋內的燉飯熱辣滾燙，米飯被大量蝦蟹、蛤蜊淡菜、牡蠣、竹蟶等食材覆蓋，偏清淡的調味更凸顯其鮮美甘甜，輔以精心調製的茄汁湯底與軟硬適中的米飯，確實是值得專程造訪的美味。除鎮店之寶——海鮮燉飯，還有麵包、肉醬、乳酪、奶油與兩道小菜——章魚沙拉 €6.9、炸黑布丁 €4.1 作為配搭。有趣的是，所謂的「炸黑布丁」並非腦補的炸黑糖布丁一類暗黑甜點，而是經油炸、切厚片的肥美肝腸，越嚼越能體會箇中珍味。

既獲譽為「世界最棒海鮮燉飯」，自聚集大批趨之若鶩的各國饕客，其中尤以亞洲面孔居多，有鑑於此，店家也有提供中、韓文菜單。每到用餐時間，門口總可見排隊人潮，建議於甫開門或用餐離峰時間造訪，可避免久候。

👍 里斯本海鮮屋：

- 📍 R. dos Sapateiros 177
- 🕐 11:00～22:30
- 🚊 電車 12E、28E 至 R. Conceição 站往北 350 公尺；地鐵綠 Rossio 站西南 200 公尺
- 💰 €20～€35（只收現金，1 人份 €17.9、2 人份 €35.8）
- 🚇 聖胡斯塔電梯、奧古斯塔商業街
- 🌐 umamarisqueira.com（Google Maps 只接受 6 人至 10 人團體訂位）
- ⚠ 禁帶外食（不可自備水及飲料）

尼古拉咖啡餐廳 Café Nicola est.1787

老字號的褒與貶

1787 年開業、由義大利移民 Nicola Breteiro 創立的尼古拉咖啡餐廳，與同屬老資格的巴西人咖啡館相同，是政治人物、藝術家與作家等名流人士的聚會場所，為里斯本最負盛名的藝文咖啡館之一。咖啡館於 1929 年遷至現址，入內彷彿穿越時空，回到瑰麗優雅的 1920 年代。店鋪立面出自葡萄牙知名建築師 Manuel Joaquim Norte Júnior 的手筆，他擅長混和古典、折衷、幾何、奢華與新藝術等多重藝術概念，營造華麗復古的視覺效果，同期開幕（1922 年）、位於共和大道的凡爾賽甜點店的立面，也同樣由他設計。既擁有深厚的歷史背景，又與市區多間老店齊名，尼古拉咖啡餐廳在 Google Maps 評價上卻略低，原因以服務態度欠佳、主動收小費、價位偏高為主。相較負評怨氣沉重，佳評則彷彿是截然相反的另一間店。基本上，營業百餘年的尼古拉咖啡餐廳，餐點確實有一定水準，唯侍應生的服務態度存在個別差異。

👍 尼古拉咖啡餐廳：
- 📍 Praça Dom Pedro IV 24
- 🕐 07:00 ～ 00:00
- 🚇 地鐵綠 Rossio 站西南 100 公尺
- 💰 €5 ～ €30（濃縮咖啡 €2、葡式蛋塔 €1.7、布丁 €3.9）
- 📌 羅西歐廣場、羅西歐車站、無花果廣場

國家糕餅坊 Confeitaria Nacional

傳承六代・雙百老店

國家糕餅坊開幕於 1829 年，概念源於巴黎的精美糕餅店，曾是葡國皇室御用的糕餅供應商，豐厚歷練使它在葡國糕餅界占有一席之地。店內裝潢富含古典氛圍，玻璃櫃內放置種類豐富的現製點心、酥餅及塔類、蛋糕，價位雖較同質餐

廳略高，唯份量充足且用料優質，可謂一分錢一分貨。此外，店內提供 4 種不同的用餐環境，依序為：櫃台旁的立食吧檯、一樓室內、戶外區域，以及循螺旋木梯到舒適寧靜的二樓雅座。鑑於位處市中心且知名度高，僅早餐時段人流較少，中午不分平假日皆十分熱門，需有排隊等候的心理準備。

　　國家糕餅坊的招牌產品為國王蛋糕（Bolo rei），以口感紮實綿密、奶油濃厚香醇、富含大量果乾著稱，它由創始人 Balthazar Roiz Castanheiro 自法國引入，1870 年首度在自家店鋪販售，此後便成為葡國民眾聖誕節餐桌的必備亮點，遊客可於櫃檯選購一片，感受其獨特風味。除此之外，店內亦供應多款糕點，葡式蛋塔、炸甜球（Sonhos）、鹹派等都有相當水準，是兼顧觀光與嘗鮮樂趣的傳統名店。

👍 **國家糕餅坊：**
- 📍 Praça da Figueira 18B
- 🕐 08:30 ～ 20:00
- 🚇 地鐵綠 Rossio 站
- 💰 €5 ～ €20（濃咖啡 €1.4、蛋塔 €1.55、炸甜球 Sonhos €1.65、法國吐司 €1.75、國王蛋糕 €18.4 起）
- 🗺 無花果廣場、羅西歐廣場
- 🌐 www.confeitarianacional.com

食 豬扒包之家 Casa das Bifanas

豬扒包朝聖地

　　Bifana 是里斯本乃至葡萄牙最具代表性的街頭小吃，雖說各有巧妙不同，但基礎不脫——醃漬肉片滷煮後夾入烘烤過的麵包內的主旋律。眾豬扒包中，位於無花果廣場旁的豬扒包之家，堪稱遊客必訪的名店，因為據說這裡就是豬扒包的發源地。豬扒包之家從裝潢到餐點皆屬樸實無華，外觀就是不假雕飾的家庭餐廳，料理擺盤也是直接了當——豬扒包就是「包夾豬扒」、蒜香蝦（Gambas à Guilho）就是「蒜油泡蝦」、烤魚餐就是「烤魚、薯條和生菜」……點的就是看

到的，整體調味則屬鹹味為主＋食物的原味。豬扒包表現中規中矩，可添加黃芥末或 Pri-pri 辣油增加複合風味。值得一提的是，豬扒包之家的布丁表現相當優異，質地紮實、口感綿密、CP 值極高，堪稱螞蟻人的神級甜點。

儘管外國遊客絡繹，豬扒包之家的服務生仍維持老店該有的「態度」，也就是，熱情時可體會濃厚的人情味，冷淡時會覺被怠慢甚或有些呼嚨。不同溫度的差異感受，輔以點餐與付費時的溝通問題（例如：單點卻送來含薯條的套餐，沒有提供帳單細目等），致使店家在 Google Maps 的評論褒貶不一。欲減少類似糾紛，可先將欲選擇餐點截圖，再出示予服務生確認。入座後送來麵包、橄欖、奶油等前菜，若無意食用也得立即請對方收走，否則也會產生費用，戶外區用餐也有附加費。

豬扒包之家：

- Praça da Figueira 7A
- 06:30 ～ 00:00（周日休）
- 地鐵綠 Rossio 站往東 100 公尺
- €5 ～ €15（豬扒包 €2.5、烤魚套餐 €7.9 起）
- 無花果廣場、羅西歐廣場、聖多明我堂

食

櫻桃酒吧 Ginjinha Sem Rival

傳統甜滋味

　　里斯本和鄰近觀光古鎮奧比多斯（Óbidos）乃至整個葡萄牙，都可見一種自家釀製的傳統櫻桃酒（ginjinha，簡稱 ginja）。這款酒使用偏酸的歐洲酸櫻桃（prunus cerasus），加上大量砂糖泡製而成，酒精濃度達 20 度，唯因滋味重甜柔滑而讓人渾然不覺。

　　位於里斯本市中心的櫻桃酒吧，裝潢傳統、氣氛溫馨，為當地知名度極高的櫻桃酒鋪。店內陳列各類菸酒商品，門口經常聚集一群熟客就地「立飲」。購買要價 €1.5 的小杯櫻桃酒時，店員會詢問酒內是否要一顆醃漬櫻桃，不加的口感較純粹、添加則果香味更濃。

👍 櫻桃酒吧：

📍 R. das Portas de Santo Antão 7

🕐 平日 08:00 ～ 00:00、
假日 09:00 ～ 00:00

🚇 地鐵綠 Rossio 站往北 200 公尺；地鐵藍 Restauradores 站東南 200 公尺

💰 €5

📌 瑪麗亞二世國家劇院、羅西歐廣場、羅西歐火車站、無花果廣場、自由大道

里斯本探索旅圖

食 蛋塔工廠 Fábrica da Nata

味覺與視覺的葡式饗宴

蛋塔工廠為供應葡萄牙風味甜點、輕食的連鎖餐廳，里斯本、辛特拉與波爾圖皆有分店，顧名思義，店內的明星商品當屬葡式蛋塔。儘管里斯本有許多售賣蛋塔的商家，唯每家店的配方與滋味都略有不同，蛋塔工廠的版本則屬塔皮油香酥脆、塔芯蘊含奶油香氣的濃醇風格，上桌時亦保有新鮮出爐的熱度。此外，微鹹調味進一步提升甜度，致使甜味更為明顯。餐點表現不錯外，以貝倫塔為背景的大航海時代藍白磁磚畫，與寬敞舒適的用餐環境，也令蛋塔工廠加分不少。

點餐方面，除至櫃檯口頭確認，也可使用無接觸的電子點餐機。螢幕顯示圖文並茂，並提供多種套餐選項（例如：葡萄牙餐即包括蛋塔＋鱈魚球＋波特酒＋濃縮咖啡，售價€4.9）。確認餐點後，再以信用卡付費、領取收據，待店員叫到訂單號碼時，即可前往取餐。

👍 **蛋塔工廠：**

📍 Praça dos Restauradores 62 -68
🕗 08:00～23:00
🚇 地鐵藍 Restauradores 站
💰 €5（葡式蛋塔€1.2、鱈魚球€1.8、夾餡麵包€3.95 起）
📌 光復廣場、自由大道、羅西歐車站、瑪麗亞二世國家劇院
🌐 fabricadanata.pt

Part 4 分區「里」解──分區景點、購物與美食導覽

- 149 -

希亞多 Chiado + 上城 Bairro Alto 周邊

　　希亞多與上城，為里斯本兩座富歷史和代表性的傳統街區。前者是融合傳統商舖與新興商家的複合式區域，商業活動主要集中於卡爾莫街（Rua do Carmo）和加雷特街（Rua Garrett）一帶，百年咖啡店、博物館、劇院均坐落於此。後者在保留舊時巷弄風情的基礎上，轉變為不同世代共享的交匯點。也就是，白天為長輩居民外出購物、群聚閒聊，寧靜平和的老社區；晚上則成年輕族群愛好的次文化、地下樂團及酒吧、夜店、俱樂部的集中地。

　　經過數年整頓，希亞多與上城治安可稱安全，唯在人多密集時還是得留意隨身細軟。有意體驗上城夜生活的遊客，請在放鬆享受的同時保持警覺，避免陷入「免費贈送一杯調酒」（通常品質欠佳且入座後會推銷昂貴酒品）一類的攬客陷阱。

希亞多Chiado與上城Bairro Alto周邊

- 王儲花園
- 阿爾坎塔拉聖伯多祿花園
- 麵包大教堂
- 自由大道
- 往羅西歐 ➡
- 榮譽升降機
- 聖洛克堂
- FORA太陽眼鏡
- 公爵餐廳
- 尤利西斯手套專門店
- 馬查多酒莊
- 工藝小廚
- 漢堡文化
- 卡爾莫考古博物館
- 古典法朵餐廳
- 幸運草小館
- 巴西人咖啡館
- Parfois品牌店
- ⬅ 往市區西郊
- 曼蒂蛋塔
- 賈梅士前地
- 貝特朗書店
- Baixa-Chiado
- 陶瓷生產線專賣店
- 往龐巴爾下城 ➡
- Cutipol品牌店
- 比卡升降機
- 釣陽光酒吧
- 葡萄牙生活雜貨店
- 粉紅街區
- 里斯本河濱市場＋Time Out美食市場
- 凱斯索德列站
- 太加斯河

Part 4 分區「里」解──分區景點、購物與美食導覽

- 151 -

景 粉紅街區 Rua Nova do Carvalho

里斯本的日與夜

　　正式名稱為「Rua Nova do Carvalho」的粉紅街區，因路面被漆成粉紅色而得名。回顧過往，這裡曾是治安欠佳的紅燈區、市內主要的毒品和賣淫中心，人們在夜晚會盡量避免涉足。然而，情況在 2011 年發生變化，舊有的灰色產業被關閉，取而代之的是新潮的酒吧、餐廳和舞廳，地面漆上象徵青春活力的粉紅色，此地也蛻變為里斯本白天必訪的觀光區與夜晚最受歡迎的娛樂場所。

　　除了粉紅街區，市區還有多條塗上明亮色彩油漆的街道，它們都源於市政府建立特色步行街的計畫「A Rua é Sua」（直譯為「街道是你的」）。也就是，提供路人安全舒適、無須與車輛爭道的環境，並透過增加露天區域來支持當地商業活動並拓展休憩空間。鑑於首度嘗試的粉紅街區反響極佳，又陸續將位處阿爾法瑪舊城區南面的 Rua dos Bacalhoeiros（經里斯本罐頭工坊後續往東行）部分路段塗成藍色，城市西北側的 R. Cláudio Nunes 塗上綠色，並計畫推廣至 100 條街道。

粉紅街區

👍 推薦指數：★★★★★

📍 R. Nova do Carvalho

🚋 電車 12E、28E 至 R. Vitor Cordon 站西南 300 公尺；電車 15E、18E 至 Cais Sodré 站東北 250 公尺；地鐵綠 Cais do Sodré 站東北 250 公尺

里斯本探索旅圖

> **藍色街區**
>
> 👍 推薦指數：★★★★
>
> 📍 R. dos Bacalhoeiros
>
> 🚊 電車 12E、28E 至 Sé 站西南 200 公尺；
> 地鐵藍 Terreiro do Paço 站往北 350 公尺

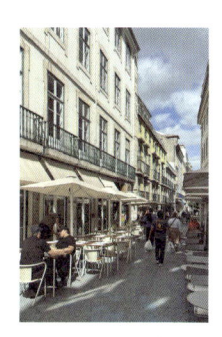

景 里斯本河濱市場 + Time Out 美食市場
Mercado da Ribeira + Time Out Market

逛市場・啖美食

　　1882 年開業的河濱市場，為占地約 1 萬平方公尺的大型物產及食品賣場。現分為東廳與西廳兩大區塊，東廳為販售生鮮食材的傳統市場，西廳則是 2014 年起由里斯本生活風格雜誌《Time Out Lisboa》規劃的 Time Out Market，供應新潮摩登的無國界美食與傳統葡萄牙料理。

　　位處東廳的傳統市場上午時段人聲鼎沸，魚攤可見葡國民眾最愛的馬介休和活章魚，也有麵包蛋糕、日用雜貨、花卉植物、園藝用品、禮盒包裝等商鋪。每逢周六，中央走道會另闢手工藝市集（Sábados da Ribeira），品項以藝術家和工匠的原創手作藝品為主；周日上午 9 點至下午 1 點則有以錢幣、郵票、唱片、瓷器、明信片等古董舊貨為主的古玩市集（Mercado das Coleções）。

　　西廳的 Time Out Market 自詡為「世界最偉大美食空間」，所有商鋪均經獨立專家品嘗與認可，才得在此占有一席之地。Time Out 美食市場現有超過 40 間餐廳，食客可於此品嘗新鮮生蠔、海鮮燉飯、漢堡、披薩、葡式蛋塔、壽司、炸肉餅等不同風味的鹹、甜餐點。其中，還有多間名廚冠名的店鋪，諸如：米其林二星主廚 Henrique Sá Pessoa 主理的同名輕食餐館，可以不到 €20 的價格，品嘗他精心研發的菜色——低溫油封乳豬（Leitão confitado a baixa tempatura）；兼容傳統與現代葡萄牙料理的知名女性廚師 Marlene Vieira，以自創的新質感烤章魚（Polvo à Lagareiro em Novas Texturas）與溼答答三明治（Francesinha Tradicional com Ovo e Tudo!）廣受好評。

整體而言，Time Out Market 屬中價位，台幣 500 預算即可飽餐一頓，唯如於用餐時間造訪，摩肩擦踵、侷促擁擠在所難免。

里斯本河濱市場

推薦指數：★★★★★

- Av. 24 de Julho 49
- 04:00～00:00（各店舖營業時間不一）
- 電車 15E、18E 至 Cais Sodré 站；地鐵綠 Cais do Sodré 站

Time Out 美食市場

推薦指數：★★★★★

- Av. 24 de Julho 49
- 10:00～00:00
- 電車 15E、18E 至 Cais Sodré 站；地鐵綠 Cais do Sodré 站
- €10～€30（不收現金，僅收信用卡或購買專用餐卡）
- https://www.timeoutmarket.com/lisboa

里斯本探索旅圖

-154-

景 賈梅士前地 Elevador de Santa Justa

融合文化氛圍與人間煙火的會合點

地處市區交通要衝的賈梅士前地，名稱源於葡萄牙詩人路易‧德‧賈梅士（Luís Vaz de Camões，或譯作卡蒙斯），他的代表作為史詩體撰寫的《葡國魂》。賈梅士獲公認是葡國最偉大的詩人，其對情感的表達與語詞的運用可與莎士比亞媲美。根據同時代人的描述，紅髮的賈梅士中等身材、右眼失明，他身體強健、機智開朗、意志堅強，不僅脾氣暴躁，還是一名打架高手。16世紀中，賈梅士曾隨葡萄牙遠征隊赴澳門短居，1982年發行的50元澳門幣就是使用他的頭像，由於單眼英雄形象鮮明，澳門人慣於暱稱賈梅士為「單眼佬」。

賈梅士前地為當地著名的地標與休憩場所，地面鋪設的鵝卵石以幾何效果呈現大海、帆船等圖像，中央豎立一座於1867年竣工、高11.49公尺的賈梅士青銅立身像。廣場周邊林立書店、餐廳、小吃店及教堂，其中也包括遊客必訪的巴西人咖啡館。

推薦指數：★★★★

- Largo Luís de Camões
- 電車 12E、24E、28E 至 Pç. Luis Camões 站；地鐵藍 + 綠 Baixa-Chiado 站往西 150 公尺

Part 4 分區「里」解──分區景點、購物與美食導覽

- 155 -

景 卡爾莫考古博物館
Museu Arqueológico do Carmo

遺址裡的博物館

坐落於卡爾莫修道院（Convento do Carmo）遺址內的卡爾莫考古博物館，成立於 1864 年，為一座令人彷彿置身歷史現場的「活的博物館」。館內不只系統性介紹文物，亦透過 15 分鐘的虛擬實境短片，以生動方式回顧葡國歷史。館內收藏豐富，涵蓋來自世界各地的考古文物與藝術品，兩大看點為前哥倫布時期（即美洲未受到歐洲文明影響前）的陶器與兩尊木乃伊，以及被譽為哥德式雕刻傑作的葡萄牙國王斐迪南一世（Fernando I）石棺。

卡爾莫修道院的歷史可回溯至 1389 年，由軍事奇才、葡萄牙步兵守護神──佩雷拉將軍（Nuno Álvares Pereira）創建，建築屬哥德式風格。修道院隸屬天主教加爾默羅會（Ordem do Carmo），佩雷拉不僅將全部資產捐予修院，更於 1423 年成為一名加爾默羅會修士，佩雷拉本人也因英勇美德與獲證實的神蹟，於 2008 年獲教宗本篤十六世封聖。1755 年，里斯本大地震與後續大火摧毀對市區造成毀滅性傷害，修道院同樣遭受重創。瑪麗亞一世（Maria I）統治期間，曾以哥德復興式風格進行重建，唯又因 1834 年的「解散葡萄牙修院」運動而被迫中斷。19 世紀中，隨著人們對中世紀古蹟和廢墟的浪漫想像盛行，便決定修道院以「地震紀念碑」的模式保持原狀，令這幅「田園詩般的遺跡場景」得以存續至今。

里斯本探索旅圖

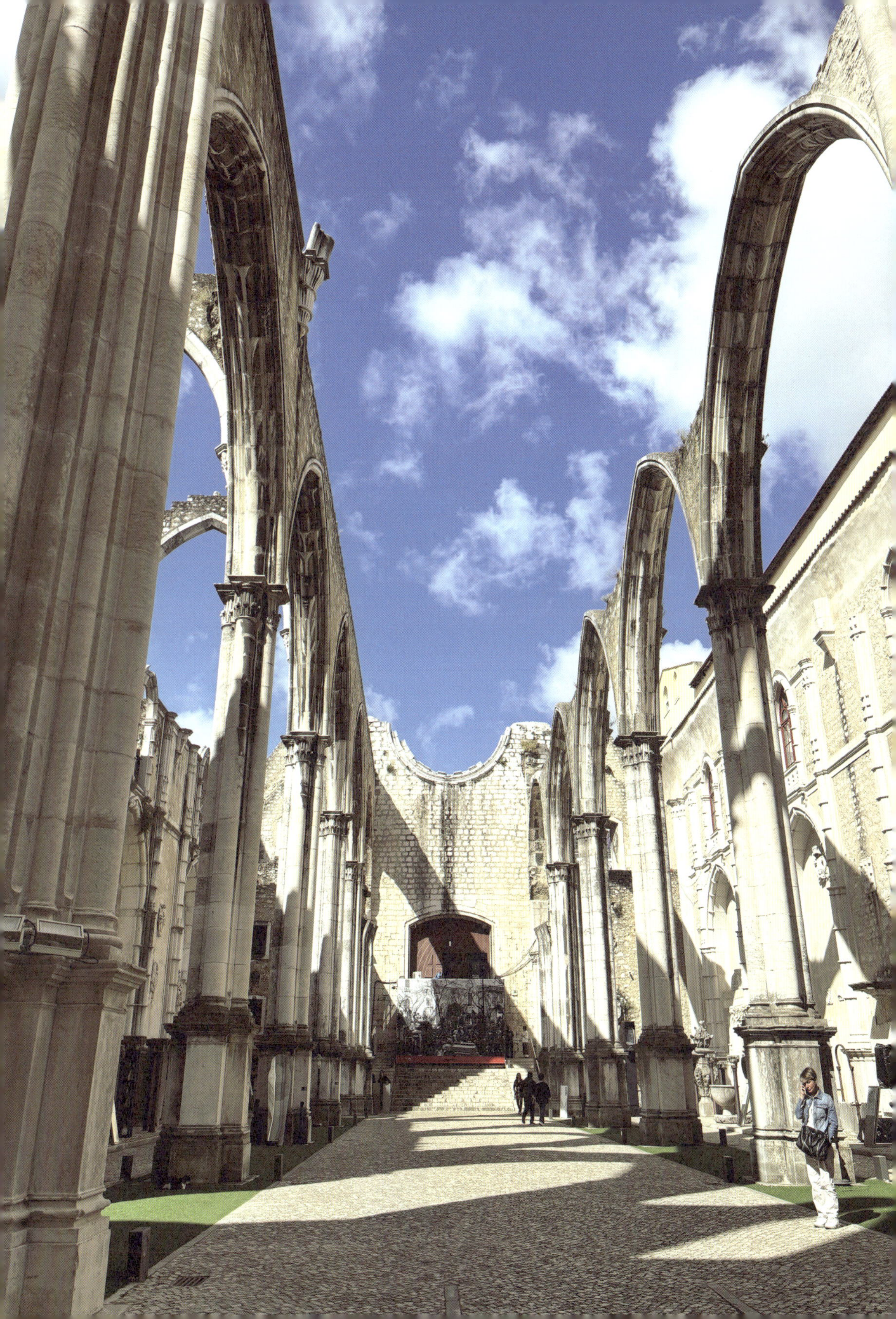

> 推薦指數：★★★★★
>
> - Largo do Carmo 27
> - 5月至10月 10:00～19:00、11月至4月 10:00～18:00（周日休）
> - €7
> - 持里斯本卡折扣 20%（€5）
> - 電車 24E 至 Lg. Trindade Coelho 站往東 300 公尺；地鐵藍＋綠 Baixa-Chiado 站往北 200 公尺
> - museuarqueologicodocarmo.pt

景

聖洛克堂 Igreja de São Roque

天主教藝術殿堂

16 世紀興建的聖洛克堂，為葡萄牙第一座、全球最早的天主教耶穌會教堂之一，建後的 200 年間，也是耶穌會在葡萄牙的總部。教堂在里斯本大地震僅受輕微損傷，雖幸運逃過天災，卻因耶穌會成員於 1759 年捲入叛亂案，遭龐巴爾侯爵驅逐出境，噩耗導致聖洛克堂被政府沒收。1768 年，教堂所有權交予里斯本仁慈堂（Santa Casa da Misericórdia），至今仍由該慈善組織負責管理。目前，教堂部分正常運作，一些耶穌會修士的住所則於 19 世紀末改建為聖洛克博物館（Museu de São Roque）。

回顧聖洛克堂的建成史，源於 1505 年義大利船員攜帶的瘧疾傳染

病在里斯本肆虐，王室倉皇逃離、人民死傷慘重。國王曼努埃爾一世（Manuel I）為結束瘟疫、解除恐懼，派人前往威尼斯的聖洛克堂，向遺體放置在此的「瘟疫和流行病守護者——聖洛克」求得聖物，再於里斯本興建一座教堂用以存放。1506年，聖洛克堂動工，1515年即告落成。1540年，國王約翰三世（John III）邀請甫於1530年成立的耶穌會成員來到里斯本，再將聖洛克堂交予其管理。鑑於原本空間不敷使用，耶穌會就在國王支持下展開擴建，也就是目前所見的狀態。教堂建築屬巴洛克與矯飾主義風格，裝飾於17至18世紀分階段完成，彩繪天花板是利用透視扭曲效果，營造桶型拱頂的錯覺。整體而言，聖洛克堂建築立面簡約質樸、內部蘊藏大量鍍金、宗教畫作與雕飾，形成堂外低調、堂內華麗的感官反差。

除精心雕琢的主祭壇，聖洛克堂還有 13 座採用不同時代裝飾手法建成的小堂，包括：祭壇為耶穌、聖母與若瑟聖像的神聖家庭「聖家小堂」（Capela da Sagrada Família ou do Menino Perdido）；祭壇中央以巴洛克風格表現聖母升天場景，使用大量鍍金與精緻鑲嵌雕刻的「聖體小堂」（Capela do Santíssimo），以及祭壇中央為耶穌受洗圖，左、右兩側分別為五旬節圖與聖母領報圖的「聖若翰洗者小堂」（Capela de São João Baptista）。其中，「聖若翰洗者小堂」是最富盛名的一座，祂被稱作「完美藝術作品」，為國王若翰五世（João V）於 18 世紀中委託羅馬建築師在當地建造。不僅使用多種珍貴石料，還在羅馬接受教宗本篤十四世祝聖後，再拆卸裝船運至里斯本重新組裝，曠日耗資不言可喻。

教堂旁為 1898 年開幕的同名博物館，又稱聖洛克宗教藝術博物館（Museu de Arte Sacra de São Roque），旨在收藏展示與保護修復來自里斯本仁慈堂的宗教藝品。館內可見眾多珍稀的天主教聖器、繪畫、雕塑與黃金珠寶飾品，展現宗教對葡萄牙歷史文化的重要性。

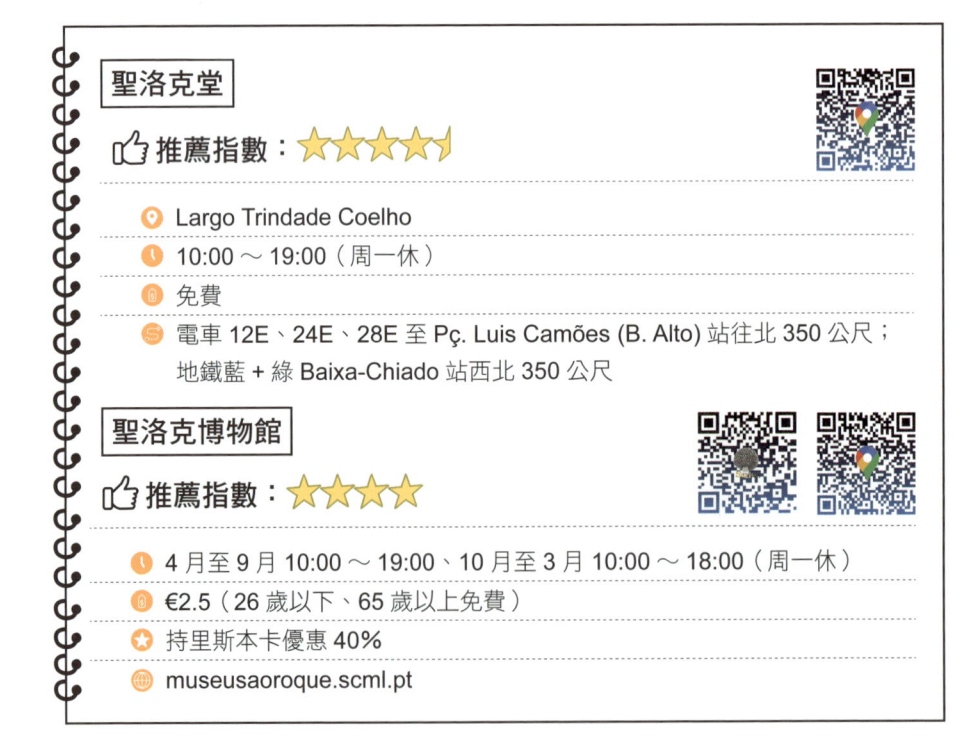

聖洛克堂

👍 推薦指數：★★★★★

- 📍 Largo Trindade Coelho
- 🕐 10:00 ～ 19:00（周一休）
- 💶 免費
- 🚋 電車 12E、24E、28E 至 Pç. Luis Camões (B. Alto) 站往北 350 公尺；地鐵藍 + 綠 Baixa-Chiado 站西北 350 公尺

聖洛克博物館

👍 推薦指數：★★★★

- 🕐 4 月至 9 月 10:00 ～ 19:00、10 月至 3 月 10:00 ～ 18:00（周一休）
- 💶 €2.5（26 歲以下、65 歲以上免費）
- ⭐ 持里斯本卡優惠 40%
- 🌐 museusaoroque.scml.pt

景 阿爾坎塔拉聖伯多祿花園
Miradouro de São Pedro de Alcântara

觀光元素總匯

　　面積 0.6 公頃的阿爾坎塔拉聖伯多祿花園，是擁有茂密樹蔭與長凳的觀景台，以夕陽與夜景最為出色。遊客由此眺望舊城及下城區之餘，亦可近觀復古電車穿梭路面的景緻，不僅如此，花園也毗鄰榮耀纜車站，輕鬆囊括里斯本的重要看點。花園內有一座 1904 年豎立的愛德華多・科埃略（Eduardo Coelho）半身像，他是葡萄牙《新聞日報》（Diário de Notícias）的創辦人之一，塑像前方為一名推銷報紙的童工。花園內不定期舉辦音樂或表演活動，周末假日則有小型文創市集，是遊客必訪的觀光景點。

👍 推薦指數：★★★★

📍 R. de São Pedro de Alcântara

🚋 電車 24E 至 S. Pedro Alcântara 站；
地鐵藍 Restauradores 站往西 500 公尺

Part 4 分區「里」解──分區景點、購物與美食導覽

- 161 -

景 王儲花園 Jardim do Príncipe Real

賞老樹、逛市集、探水庫

　　占地 1.1 公頃的王儲花園，建於 1863 年，為一座典型的英式造景花園，園內擁有多種設施，包括歐式風格的噴泉、露天咖啡座、休憩座椅與紀念雕塑等。園內氣氛寧靜舒適，植栽茂密、古樹參天，值得一提的是，園區中央有一棵樹冠直徑達 23 公尺的墨西哥柏木，樹型寬廣具包容力，獲里斯本市政府列為重點保護的公共財。柏木對面設置一尊 2017 年豎立的「LGBT 群體和恐同受害者紀念碑」（Homenagem às Vítimas de Homofobia），因王儲花園是里斯本傳統的同性戀聚集地點。

　　每周六上午 9 點至下午 2 點，花園會舉行農夫市集，供應各種自產自銷的新鮮蔬果、麵包和果醬，以及各種手工藝品與二手商品。每月的最後一個周六與周一，為工藝品和古董市場。不僅地面上豐富精彩，花園地下還有一座歷史悠久的蓄水池──1864 年竣工，容量 880 立方公尺的父權水庫（Reservatório da Patriarcal），每周四至周日下午 2 點至晚間 7 點免費開放參觀。

👍 推薦指數：★★★★

📍 Praça do Príncipe Real

🚇 電車 24E 至 Príncipe Real 站；地鐵藍 Restauradores 站西北 850 公尺

購 FORA 太陽眼鏡 Fora Sunglasses

葡國簡約系優質品牌

北歐簡約風格為發想、葡萄牙當地設計、生產的 FORA 太陽眼鏡，於 2017 年在希亞多開設首間旗艦店，店內裝飾乾淨清爽、店員著白色長袍，提供消費者簡潔明快的購物體驗。FORA 全系列使用蔡司鏡片，現場除有多種現貨供人挑選，亦可在其所屬的光學實驗室，進行眼科檢查後訂製專屬款，最快 20 分鐘就能收到自訂鏡框的眼鏡。太陽眼鏡價位約在 €150 左右，服務人員親切體貼，亦有提供退稅服務。

FORA 太陽眼鏡（希亞多本店）：

- R. da Misericórdia 90
- 10:00～20:00
- 電車 24E 至 Lg. Trindade Coelho；地鐵藍＋綠 Baixa-Chiado 站西北 659 公尺
- 聖洛克堂、賈梅士前地
- fora.pt（預約眼科檢查時段）

購 Parfois 品牌店

葡萄牙快時尚一姐

　　Parfois 為專注女性穿搭的時尚品牌，1994 年在葡萄牙波爾圖開設首間實體店，初期以太陽眼鏡、皮帶、絲巾、手錶、飾品、手袋等配件為主，後逐漸擴張至服飾和鞋靴。目前在以歐洲大陸為主的超過 70 個國家擁有破千家門店，並且以每年百間的速度穩定展店。Parfois 的品牌定位為華麗且充滿活力的摩登風格，對象是追求個性穿搭、講究設計感的全齡客群。和其他知名快時尚 H&M、Zara、Shein 相仿，Parfois 每周都會推出新品，貼合潮流步伐、開創前衛路線的同時，也有中規中矩的長銷基礎款，還可以根據顧客要求，訂製加入個人元素的飾品與背包。最重要的是，Parfois 訂價十分親民，一些零錢包、T 恤、手錶、皮鞋等皆屬台幣千元有找。

👍 **Parfois 品牌店：**

📍 R. do Carmo 2 Loja 5.18

🕙 10:00～22:00

🚊 電車 12E、28E 至 R. Conceição 站往北 250 公尺；
地鐵藍＋綠 Baixa-Chiado 站往東 100 公尺

🏛 奧古斯塔商業街、聖胡斯塔電梯

🌐 www.parfois.com

購 葡萄牙生活雜貨店
A Vida Portuguesa

ℓℓℓℓℓℓℓℓℓ 紀 念 品 一 站 Go 購 夠

　　葡萄牙生活雜貨店源於作家兼主持人 Catarina Portas 的發想，21 世紀初，她與志同道合的夥伴共同創辦的選物品牌，旨在推廣葡國生產的優質商品，陸續與 Ach Brito（香皂）、Couto（牙膏）、Emílio Braga（筆記本）、Dia da Mãe（罐頭）、Regina（巧克力）、Bordalo Pinheiro（瓷器）等多個葡萄牙百年老牌建立合作關係，共同研發既符合品牌概念又貼近流行脈動的好物。

　　位於希亞多市中心的創始店，為該品牌首間實體商鋪，所在建物是一幢擁有數百年歷史的香水工廠，裝潢時均保留原本格局，將舊時的櫥櫃和玻璃容器重新利用並賦予新生。遺憾的是，創始店因故於 2024 年 7 月關閉，所幸目前尚有開設於里斯本河濱市場內的同名店鋪，供遊客參觀選購，店內商品涵蓋各類食品、書籍、瓷器、刺繡、磁磚、波特酒甚或珠寶首飾等包羅萬象。儘管不似專賣店那般齊全，但都是受歡迎的長銷和限定款，品質優良、包裝精美，是一站購足的特色手信店首選。

👍 葡萄牙生活雜貨店：

- Av. 24 de Julho 49
- 10:00 ～ 23:00
- 電車 15E、18E 至 Cais Sodré 站；
  地鐵綠 Cais do Sodré 站
- 里斯本河濱市場 +Time Out 美食市場
- www.avidaportuguesa.com

購 陶瓷生產線專賣店
Cerâmicas na Linha

葡 國 瓷 器 論 斤 賣

　　位於里斯本市中心的陶瓷生產線專賣店，銷售葡萄牙本地生產、兼具實用及藝術性的陶瓷及木砧板等廚房用具與特色紀念品。瓷器色彩繽紛、款式多元，包括：純粹白色、經典圖案與現代時尚等。除熟悉的論件計價，部分瑕疵或促銷品更採用秤重方式，售價在每公斤 €7 ～ €9 間，換算單價可稱划算。店家也提供郵寄服務，收件地為非歐洲地區運費偏高，甚至超過商品本身，自行攜帶者可於櫃台購買防撞氣泡袋。

👍 陶瓷生產線專賣店：

- Portugal, R. Capelo 16
- 10:00 ～ 20:00（周日提早至 19:00）
- 地鐵藍 + 綠 Baixa-Chiado 站西南 200 公尺
- 賈梅士前地
- www.ceramicasnalinha.pt

Part 4 分區「里」解──分區景點、購物與美食導覽

- 165 -

購 貝特朗書店
Livraria Bertrand Chiado

金氏紀錄的最古老書店

　　成立於 1732 年的葡萄牙連鎖圖書零售商──貝特朗書店（Livraria Bertrand），現在全國擁有 52 間分店，位在希亞多街區的總店，正是它兩百多年前的起家厝。書店的悠久歷史於 2010 年獲金氏世界紀錄認證，得到「最古老的活躍書店」殊榮。書店的創始人為來自法國的書商 Pedro Faure，數年後又加入合夥人 Pierre Bertrand 兄弟，1753 年 Pedro Faure 去世後，從而改名為「Irmãos Bertrand」（即貝特朗兄弟），原本經營穩定，里斯本大地震卻將成果毀於一旦。1773 年，經過 18 年努力，Bertrand 兄弟終於回到重建完成的龐巴爾下城，讓書店於現址重生。19 世紀末，Bertrand 家族失去對書店的管理權，之後公司不斷發展且數度易主，不變的是在葡萄牙出版及圖書市場的龍頭地位。

▲ 貝特朗書店

這間「最古老的活躍書店」保留舊時格局，室內空間層高較低、動線曲折狹窄，確蘊含百年書店的獨特韻味。店內除陳列大量葡萄牙文書籍，也販售多款具里斯本及葡萄牙元素的圖文書、明信片和紀念品，質感與內容都較紀念品店多元優質。

　　遺憾的是，鄰近貝特朗書店、較其晚100年開業的里斯本第二古老書店——費林書店（Livraria Ferin）因不敵財務虧損，於2024年結業。費林書店的名稱來自1800年由比利時移居至葡萄牙的費林（Ferin）家族，初代移民Jean-Baptiste Ferin共有11名子女，其中7人從事書籍相關職業，兩名女兒在希亞多開設一間性質類似租書店的閱讀辦公室。經過一段時間營運，租書店逐漸拓展規模，最終將其改造為費林書店。書店不只販售，在20世紀中葉前也兼做裝訂業務，更一度是葡萄牙王室的御用裝訂商。

▲ 費林書店

👍 貝特朗書店：
- R. Garrett 73 75
- 09:00～22:00
- 電車12E、28E至Chiado站往東100公尺；地鐵藍＋綠Baixa-Chiado站
- 賈梅士前地

Part 4 分區「里」解──分區景點、購物與美食導覽

- 167 -

購 Cutipol 品牌店

馳名全球的高級手工餐具

　　里斯本發跡的 Cutipol，是兼具品質與美學的餐具品牌，以簡約高雅、流暢細膩的線條廣受喜愛。Cutipol 的歷史可回溯至 1920 年，初期為手工家庭作坊，後因實用美觀的設計及細緻絲滑的觸感，逐漸打開知名度，從而發展成享譽國際的葡萄牙知名品牌。Cutipol 講究製作工藝的細節，同時也注重材料品質與安全性，以抓握舒適的樹脂結合功能性佳的不鏽鋼，形成獨特的品牌特色。值得一提的是，Cutipol 採用 18/10 不鏽鋼，其鎳含量高於 10%，具高抗腐蝕及氧化能力，用於食器更具保障。

　　Cutipol 出品的刀叉匙筷等餐具，為許多米其林餐廳、高級郵輪選用。流露極簡高貴氣質的它，售價自然不斐，即便是最簡單的主餐叉、匙，價格也在 €20 左右，套裝組合破百（或數百）更是稀鬆平常。好消息是，Cutipol 品牌店提供退稅服務，消費超過葡萄牙規範的退稅門檻 €61.35，即可請店家開立退稅表單。需提醒的是，由於 Cutipol 販售的餐具款式眾多，購物時請留心注意商品尺寸，以免因一時不察面臨大刀配小叉的憾事。

👍 **Cutipol 品牌店：**

📍 R. do Alecrim 105

🕙 10:00 ～ 14:00、15:00 ～ 19:00（周日、周一休）

🚋 電車 12E、28E 至 Chiado 站往西 150 公尺；
地鐵藍 + 綠 Baixa-Chiado 站西南 150 公尺

🗺 賈梅士前地

🌐 www.cutipol.pt

購 尤利西斯手套專門店
Luvaria Ulisses

開業百年、葡國僅存唯一獨售手套品牌

創業於 1925 年的尤利西斯手套專門店，位處里斯本傳統高級商業區——希亞多核心地帶，販售精緻純皮、貼合手型、包裝講究的手工製手套，是一間極富巧思的工藝品鋪，市內許多政治、文化與藝術菁英等均為其客戶。為保證原料與製造品質，店家建構專屬的手套工匠車間。店名尤利西斯出自同名希臘神話人物，旨在紀念創辦人 Joaquim Rodrigues Simões 與祂有相仿的進取精神——也就是，Simões 於 1919 至 1923 年服務里斯本市議會期間，提出將當時閒置的卡爾莫城牆周邊（即今日卡爾莫考古博物館周邊）授權予建造商業場所，規模雖小，卻為城市活化踏出重要一步。同時，他也為自己保留 nº 87-A 的位置，這也是手套專門店的所在地。

尤利西斯手套專門店的裝潢屬帝國混新古典主義風格，百年來都以提供高素質、實用耐用的產品為己任。為維持服務品質，櫃台一次僅能容納兩組客戶，店員會根據您的需求及喜好，給予推薦和協助試戴。可貴的是，尤利西斯手套專門店可謂高貴不貴，€60、€70 即有多種選擇，縫線和內層的細節亦處理得非常到位。店家還提供終身保固，免費（或視情況支付少量費用）保養與維修，不負其百年老店的金字招牌。

尤利西斯手套專門店：

- R. do Carmo 87 A
- 10:00 ～ 19:00（周日休）
- 電車 15E 至 Pç. Figueira 站西南 250 公尺；地鐵綠 Rossio 站西南 200 公尺
- 聖胡斯塔電梯、卡爾莫考古博物館、羅西歐廣場、無花果廣場
- www.luvariaulisses.com/pt/pagina/1/home/

Part 4 分區「里」解──分區景點、購物與美食導覽

食 釣陽光酒吧 Sol e Pesca

eeeeeeeeee 罐頭食物變桌上珍饈

位在粉紅街區的釣陽光酒吧，是以調酒和罐頭料理為賣點的餐酒館，從裝潢到服務皆流露自在隨興的愜意氛圍。作為海鮮罐頭大國，里斯本市區不僅常見罐頭專賣店，亦有不少標榜以罐頭食材製作料理的正規餐廳。除直接從罐頭到餐桌的純擺盤形式，也有經烹調的冷盤和義大利麵等熱菜，體現葡國人對罐頭的喜愛與創意。釣陽光酒吧所在位置佳，輔以餐點具當地特色，旋即成為觀光客聚集的打卡熱點。眾多罐頭選項中，以醃漬鯖魚、辣沙丁魚、油漬淡菜與茄汁章魚等最受歡迎，店內也展示各類物美價廉的品牌罐頭可供挑選。

👍 釣陽光酒吧：

- R. Nova do Carvalho 44
- 12:00～02:00（周五、六延長至 03:00）
- 電車 25E 至 Sol e Pesca 站往東南 75 公尺；地鐵綠 Cais do Sodré 站東北 200 公尺
- €10～€25（雞尾酒 €6 起、海鮮沙拉 8.5、罐頭小總匯 €5.5）
- 粉紅街區、商業廣場、里斯本河濱市場、比卡升降機
- www.facebook.com/solepesca

食 巴西人咖啡館 Café A Brasileira

eeeeeeeeee 喝得是咖啡，也是歷史

1905 年開業的巴西人咖啡館，創辦人為自巴西回流的前葡萄牙籍移民 Adriano Telles，基於岳家為巴西最大咖啡生產商的背景，便開始在葡萄牙銷售

里斯本探索旅圖

咖啡。然而，當時作為新興飲料的咖啡在葡國仍鮮為人知，就算願意嘗試，也難免被其獨特的苦味勸退。為了讓人們能認識進而接受咖啡，Adriano Telles 決定開設巴西人咖啡館，作為宣傳和販售的渠道。因此，這裡也是葡萄牙第一杯特濃咖啡 Bica 的發源及名稱誕生地──據傳老闆 Adriano Telles 不忍見客人喝咖啡時「忍苦」的難受表情，便善意請對方「Bica」，即 beber（喝）、isso（那個）、com（和）、açúcar（糖），意譯就是「喝那個請加糖」。

　　為使咖啡與優雅高尚畫等號，讓外觀具有奢華的巴黎風格，咖啡館裝潢時特聘葡萄牙知名建築師 Manuel Joaquim Norte Júnior 負責設計。這份匠心獨具的氛圍，很快吸引文人雅士的注意，旋即成為律師、醫師、教師、作家、藝術家等知識份子甚或革命志士的聚集地。咖啡館最為人熟知的「名人常客」，正是在此設有青銅坐像的葡萄牙詩人費爾南多・佩索亞（Fernando Pessoa），不過他靈感的來源並非老闆一心推廣的巴西咖啡，而是店家供應的苦艾酒（Absinthe）！這尊 1980 年代落成的銅像，為雕塑家 Lagoa Henriques 創作，會將銅像置於露天座位區旁一隅，目的在體現佩索亞既在葡萄牙文化中具有重要意義，又保持疏離與獨立性的象徵意義。另有一個未經證實的傳說是，只要能將筆放進銅像手指縫隙裡而不掉，它就能得到詩人加持，從此落筆有如神助。

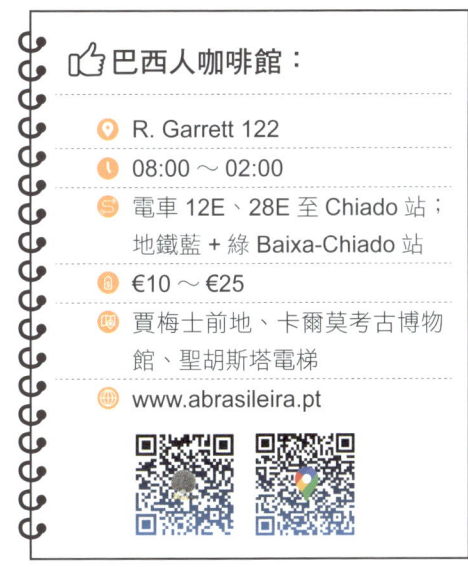

👍 巴西人咖啡館：

📍 R. Garrett 122

🕐 08:00 ～ 02:00

🚊 電車 12E、28E 至 Chiado 站；地鐵藍＋綠 Baixa-Chiado 站

💶 €10 ～ €25

📍 賈梅士前地、卡爾莫考古博物館、聖胡斯塔電梯

🌐 www.abrasileira.pt

食 幸運草小館 O Trevo

在地人的豬扒包祕密基地

　　幸運草小館毗鄰賈梅士前地，販售經濟實惠的豬扒包、三明治、蛋塔糕點、咖啡、現榨柳橙汁、煎蛋捲、簡餐等輕食，玻璃櫃台內也展示各式油炸鹹、甜點心，外帶、內用兩相宜。餐館是當地居民的日常去處，用餐時間經常高朋滿座，顧客多是相識的鄰里，彼此間噓寒問暖、洋溢濃厚人情味。

　　另一個令幸運草小館聲名大噪的原因，來自美食家兼名廚安東尼・波登（Anthony Michael Bourdain）赴里斯本拍攝飲食旅遊節目「波登不設限」時的來訪，從而獲得世界級的知名度。幸運草小館最受歡迎的商品為售價 €2.7 的起司豬扒包，以里肌肉醃漬滷煮的豬扒軟嫩鹹香、麵包微熱蓬鬆，加上略為融化的起司片，更添層次口感。

👍 幸運草小館：

- 📍 Praça Luís de Camões 48
- 🕐 07:00 ～ 22:30
- 🚋 電車 12E、24E、28E 至 Pç. Luis Camões 站；地鐵藍 + 綠 Baixa-Chiado 站往西 150 公尺
- 💲 €5（只收現金，豬扒包 €2.7、漢堡包 €3.3）
- 📍 賈梅士前地、陶瓷生產線專賣店
- 🌐 digitalmenucheck.com/33de7940-de87-406b-9f57-1ae6ce54218b

里斯本探索旅圖

-172-

食 曼蒂蛋塔 Manteigaria do Chiado

視覺與味覺的蛋塔饗宴

曼蒂蛋塔（Manteigaria）為知名葡式蛋塔連鎖專賣店，里斯本、波爾圖皆設有數間分店，「兩手交握」的獨特商標令人過目不忘。位於賈梅士前地旁的總店面積不大，卻實現從廚房到餐桌的「即製流程」，食客可透過玻璃櫃台親眼見證蛋塔的誕生。每逢蛋塔出爐也會伴隨響亮鐘聲，儀式感十足。儘管都稱作蛋塔，各品牌仍有獨門配方，曼蒂的塔皮薄脆香酥，塔芯質地滑嫩、富奶香，屬遵循傳統的醇濃風味。若不耐高甜度襲擊，可搭配一杯濃咖啡平衡味覺，或灑上店家提供的肉桂粉點綴（螞蟻人也可選擇糖粉），變換另一種滋味。店內「站位」有限，如內用客滿，可選擇外帶至一街之隔的賈梅士前地，邊享用熱燙美味的葡式蛋塔，邊欣賞電車交錯的葡式風情。

👍 **曼蒂蛋塔：**

- 📍 Rua do Loreto 2
- 🕐 08:00 ～ 00:00
- 🚋 電車 12E、24E、28E 至 Pç. Luis Camões 站；地鐵藍＋綠 Baixa-Chiado 站往西 200 公尺
- 💰 €5（蛋塔 €1.2、咖啡 €0.8）
- 🏛 賈梅士前地、陶瓷生產線專賣店
- 🌐 www.facebook.com/manteigaria.oficial

Part 4 分區「里」解──分區景點、購物與美食導覽

- 173 -

食 古典法朵餐廳 Trovas Antigas

味蕾與聽覺的雙重體驗

裝潢洋溢歐式藝術氛圍的古典法朵餐廳，為隱藏在巷弄內的高口碑餐酒館，儘管桌椅略顯窄小，卻因餐點美味與法朵精彩而受到喜愛。作為以法朵為重要賣點的餐廳，食物同樣備受好評，無論是燉黑豬臉頰肉、海鮮燉飯或蒜香章魚，都屬口味道地且份量足。此外，古典法朵餐廳沒有一般同類店家收費模糊或強制消費（主要指餐前送上的收費麵包等）之類的問題，服務人員友善專業，令食客得以舒適品嘗暖胃亦暖心的法朵盛宴。

👍 **古典法朵餐廳：**

- 📍 R. da Barroca 9 13
- 🕐 16:00～02:00（周一休）
- 🚊 電車 12E、24E、28E 至 Pç. Luis Camões 站西北 200 公尺；地鐵藍＋綠 Baixa-Chiado 站往西 350 公尺
- 💰 €25～€45（前菜 €8 起、肉類主餐 €15 起、甜點 €4.5）
- 📷 賈梅士前地、比卡升降機
- 🌐 www.facebook.com/trovasantigas

食 公爵餐廳 Duque

家庭餐館・烤滋味

公爵餐廳為洋溢家庭溫馨氛圍的巷弄寶藏小店，門口貼滿整面的罐頭牆，展現蘊含童趣的葡國風情。餐廳空間有限、座位數不多，桌椅板凳也屬小號，卻未減損人們大快朵頤的興致。店內供應道地葡萄牙料理，以章魚沙拉、烤虎蝦、烤章魚、烤魚、油封鴨腿、海鮮燉飯最獲好評，烤章魚肉質軟嫩，佐餐的煎地瓜鬆

軟香甜，令人印象深刻。公爵餐廳從前菜、主餐到甜品均十分用心，價格亦頗為佛心，是體驗當地美食又不傷荷包的首選。

公爵餐廳：
- R. do Duque 5
- 平日 12:00～23:00、
  周六 18:00～23:00、周日 13:00～23:00
- 地鐵綠 Rossio 站向西 300 公尺
- €15～€25（章魚沙拉 €9、烤虎蝦 €20、烤章魚 €16、油封鴨腿 €14）
- 卡爾莫考古博物館、聖胡斯塔電梯、聖洛克堂、無花果廣場

食 工藝小廚 Ofício

創意非典葡國菜

獲選米其林必比登推薦的工藝小廚，贏得評審「具品質且經濟實惠」的評價。餐廳以葡萄牙傳統菜餚為基礎，再融入當代料理手法與烹調概念，迸發具現代特色的精彩組合。主廚 Hugo Candeias 曾在巴塞隆納知名的米其林一星餐廳 Hoja Santa（已停業）任職，難得經歷令他不僅掌握高超的烹飪技巧，亦受到墨西哥籍名廚 Paco Méndez 的啟發，菜單也滲入些許墨西哥元素。

Part 4 分區「里」解──分區景點、購物與美食導覽

- 175 -

海鮮與生食是工藝小廚的強項，也提供不同食材的多種選擇，其中生蠔（€3，Ostra）、生蒜蝦（€16，Gambas à guilho）、韃靼牛肉（€15，Tártaro de novilho com tutano）以及招牌菜——墨西哥式生菜魚鬆（€7.5，Taco vegetal de mar，以生菜包裹酥炸玉米餅、醃漬生魚與烤杏仁）都很出色。主廚既受過米其林訓練，不只食物本身飽含創意，擺盤亦有所追求，整體蘊含高級料理的摩登時尚感。酒足飯飽後，別忘記點一份主廚的甜品得意之作——巴斯克乳酪蛋糕（1片€6，Tarte de queijo），濃郁絲滑的質感與純粹厚實的乳香，與鹹食形成鮮明對比，為食客帶來不同層次的美味饗宴。

👍 工藝小廚：

- 📍 R. Nova da Trindade 11k
- 🕐 12:30～15:00，19:00～23:00（周日、周一休）
- 🚋 電車24E 至 Lg. Trindade Coelho 站東南 150 公尺；地鐵藍＋綠 Baixa-Chiado 站往北 200 公尺
- 💰 €35～€50
- 🔭 聖洛克堂、賈梅士前地
- 🌐 www.thefork.pt/restaurante/oficio-r360537（含預訂座位）

馬查多酒莊 Adega Machado

45 分鐘的精鍊法朵

「如果您在短短45分鐘聆聽跨越一個多世紀歷史的法朵，覺得如何？」馬查多酒莊了解觀光客既想觀賞法朵演出，卻又有停留時間不足或無法熬到深夜的難處，便於每日傍晚5點至6點，推出時長45分鐘、要價€20的法朵精華表演「Fado inside the box」。用時雖短，內容卻相當飽滿、毫無冷場，酒莊安排男、女各1位法朵歌手，與葡萄牙吉他手、古典吉他手搭配，演唱經典歌曲的同時，亦簡要介紹法朵的歷史、流派與詮釋方法。訪客耳聞外，還有一杯葡萄酒、生火腿、醃漬橄欖與起司搭配麵包享用，確是高效認識法朵的雙贏之計。

除傍晚的「淺嘗」，馬查多酒莊的晚餐時段也提供高品質的法朵表演。餐點方面，可選擇店家搭配、要價€50海陸或鄉村套餐，也有葡萄牙牛排、紅燒馬介休等單點的傳統菜式。雖然選擇有限，唯擺盤精緻用心、氣氛舒適，營造典雅浪漫的用餐環境。

👍 馬查多酒莊：

📍 R. do Norte 91

🕐 17:00～18:00、19:30～01:00

🚊 電車 24E 至 Lg. Trindade Coelho 站西南 50 公尺；地鐵藍＋綠 Baixa-Chiado 站西北 350 公尺

💶 €20～€50（開胃菜 €12、葡萄牙牛排 €30、香腸拼盤 €16）

🏛 聖洛克堂、賈梅士前地

🌐 www.adegamachado.pt（含預訂座位）

食 漢堡文化 A Cultura do Hambúrguer

里斯本第一堡

　　2014 年於上城區中心位置開幕的漢堡文化，以具原創性的訂製手工漢堡為特色，店主兼主廚 André Cristóvão 結合世界潮流與在地食材，建構獨樹一格的「漢堡文化」。眾創意漢堡中，以阿瑪莉亞漢堡（Hambúrguer Amália）最具代表性，它在紅色麵包中夾入烤聖女番茄、紅辣椒與埃曼塔起司與特製牛絞肉排，再淋上大量特製塔塔醬，入口就是肉汁炸裂的豐富味蕾體驗。除高 CP 值的漢堡餐，店家的甜點、特別是巧克力蛋糕也擁有高人氣，專業出色的調酒同樣廣受歡迎，其中又以西班牙水果酒 Sangria 人氣最旺。

👍 漢堡文化：

- 📍 R. da Atalaia 57
- 🕐 12:00～00:00
- 🚋 電車 24E 至 Lg. Trindade Coelho 站西南 200 公尺；地鐵藍＋綠 Baixa-Chiado 站西北 450 公尺
- 💰 €10～€20（漢堡類 Amália€11.65、New York€9.75；凱薩沙拉 €10.95；巧克力蛋糕 €4.65；Sangria€13.9）
- 📌 比卡升降機、聖洛克堂、賈梅士前地
- 🌐 www.aculturadohamburguer.pt

里斯本探索旅圖

-178-

食 麵包大教堂
Panificação Reunida de São Roque

里斯本最美麵包店

　　里斯本的幾乎每個街區都有一間麵包店，但擁有古老麵包店優雅魅力的卻是鳳毛麟角，坐落在建於 1899 年古宅內的麵包大教堂，便是其中難能可貴的代表。成立於 1961 年的麵包大教堂，由上城區的幾間小型麵包店合併而成，販售清新健康、價格實惠的麵包糕點，深受當地居民喜愛。對觀光客而言，對比樸實美味的食物，麵包大教堂的最大亮點，更在內部美麗非凡、宏偉壯觀的新藝術風格裝潢──挑高圓頂、羅馬石柱、精緻細膩的磁磚畫和瓷器，彷彿置身某皇宮或藝術博物館。儘管與店家添置的簡易桌椅、懸吊電視機、透明飲料櫃、香菸自動販賣機等快餐店設備頗有落差，仍難掩其令人驚嘆的絢麗光芒。

👍 麵包大教堂：

- 📍 R. Dom Pedro V 57
- 💶 €5
- 🕕 06:00 ～ 19:00
- 🌳 王儲花園、阿爾坎塔拉聖伯多祿花園、聖洛克堂
- 🚊 電車 24E 至 Príncipe Real 站東南 200 公尺；地鐵藍 Restauradores 站往西 700 公尺
- 🌐 panifsroque.pt

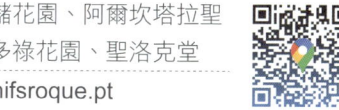

Part 4　分區「里」解──分區景點、購物與美食導覽

- 179 -

{ 自由大道 Avenida da Liberdade }
及其以北

位處市區中央位置的自由大道兩側，為里斯本的高端品牌與星級飯店聚集區，步行其中，能夠感受不同於傳統觀光區的現代時尚。順著自由大道繼續往北，則屬 20 世紀才陸續開發的新區，不僅有公園、博物館、大型購物中心、里斯本新大學（Universidade Nova de Lisboa，1973 年成立，葡萄牙最年輕的大學之一），亦可見新建成的天主教堂與清真寺。該處路幅與建築物相形寬敞、規劃井井有條，地鐵、公車線路亦發達便捷，對觀光客可稱友善。

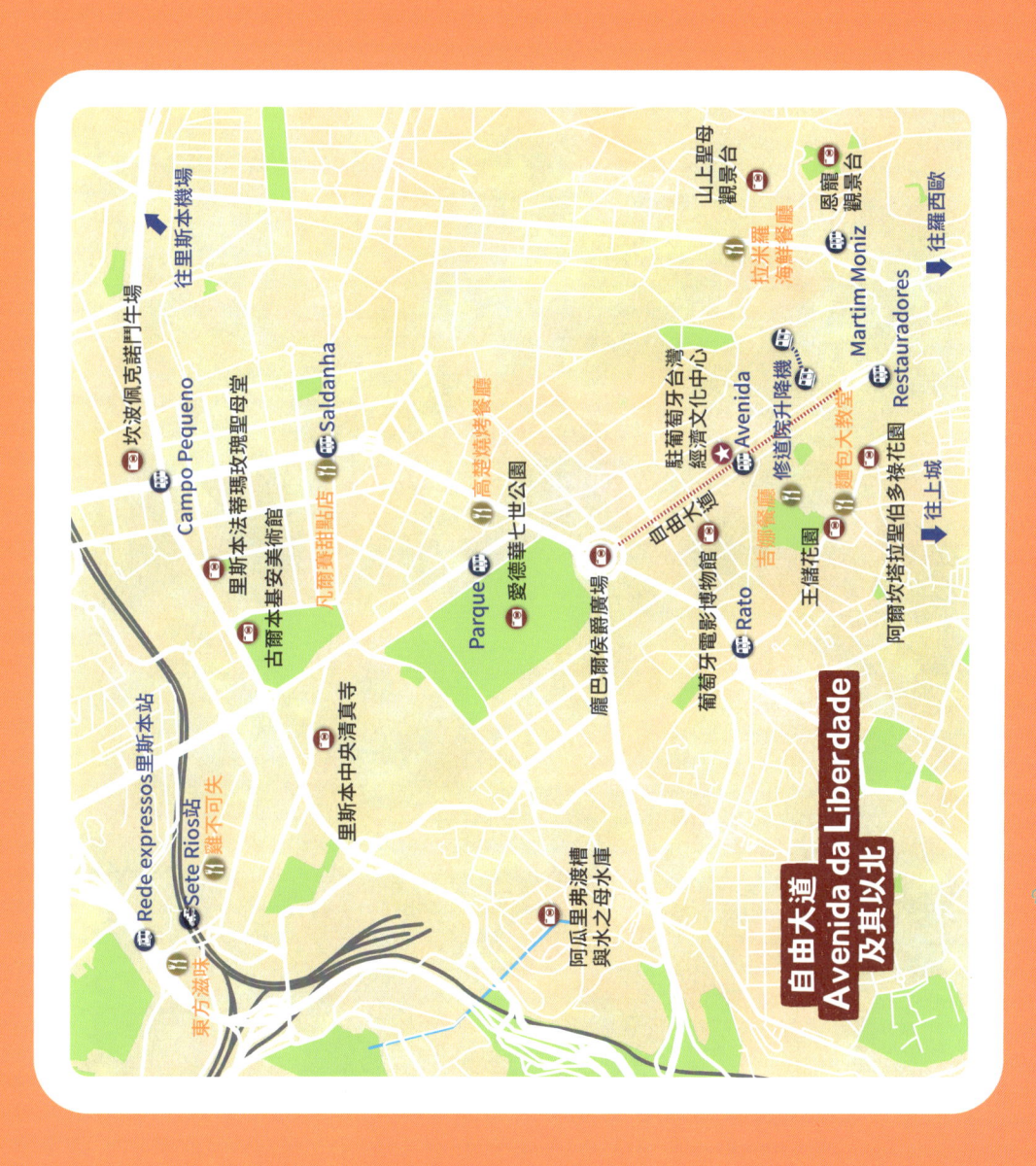

自由大道 Avenida da Liberdade 及其以北

- 坎波佩克諾鬥牛場 Campo Pequeno
- 里斯本法蒂瑪玫瑰聖母堂
- 凡爾賽甜點店
- Saldanha
- 古爾本基安美術館
- 高迭燒烤餐廳
- Parque
- 愛德華七世公園
- 龐巴爾侯爵廣場
- 葡萄牙電影博物館
- 里斯本中央清真寺
- Rede expressos 里斯本站
- Sete Rios 站
- 雞不可失
- 東方滋味
- 阿瓜里弗渡槽與水之母水庫
- 駐葡萄牙台灣經濟文化中心
- 自由大道 Avenida
- 修道院升降機
- 麵包大教堂
- 吉朋餐廳
- 王儲花園
- Rato
- 阿爾坎塔拉聖伯多祿花園
- 往上城
- 拉米羅海鮮餐廳
- 恩寵觀景台
- 山上聖母觀景台
- Martim Moniz
- Restauradores
- 往羅西歐
- 往里斯本機場

Part 4 分區「里」解──分區景點、購物與美食導覽

- 181 -

景 自由大道 Avenida da Liberdade

香榭麗舍大道里斯本版

自由大道為貫穿里斯本市區的要道之一，兩端連接光復廣場（Praça dos Restauradores）與龐巴爾侯爵廣場（Praça do Marquês de Pombal），前者立有象徵獨立和勝利的方尖碑，用以紀念葡萄牙在受西班牙統治 60 年後於 1640 年重獲獨立的史實；後者為一座環形廣場，中央巨大圓柱的頂部是龐巴爾侯爵的銅像。自由大道總長 1.1 公里、寬 90 公尺，為融合巷弄花園與人行道的林蔭大道。自由大道源於里斯本大地震後、龐巴爾侯爵下令興建的公共長廊（Passeio Público），道路最初設有大門和屏障，僅供上流人士通過。至 1821 年才在國王約翰六世（João VI）的要求下拆除圍牆，讓人們不分貧富貴賤皆可使用。目前所見的自由大道，為 1879 年至 1886 年間按照巴黎香榭麗舍大道建造的版本，目的在「19 世紀城市向北擴張的里程碑」。時至今日，這條綠樹成蔭的大道不僅匯集高端消費族群，亦成為慶祝活動、遊行示威的中心。

　　自由大道的圓環與人行道均鋪設傳統葡式碎石路，其間設置多座名人雕像與紀念碑，諸如：19 世紀南美獨立運動領導者──西蒙・玻利瓦爾（Simón Bolívar）、葡萄牙代表性浪漫主義劇作家兼國務卿──阿爾梅達（Almeida Garrett）、葡萄牙浪漫主義作家、辯論家與教育家──安東尼奧（António Feliciano de Castilho），以及讚頌第一次世界大戰陣亡的英雄紀念碑等。自由大道兩側商業活動發達，歐洲奢侈品牌、高級飯店、時裝品牌、咖啡館、餐廳、劇院、銀行林立，也有包括「駐葡萄牙台北經濟文化中心」在內的各國大使館與代表處，為歐洲排名第 6、全球第 35 位的最昂貴購物街。

推薦指數：★★★★☆

- Av. da Liberdade
- 地鐵藍 Restauradores、Avenida 站；地鐵藍＋黃 Marquês de Pombal 站

景 龐巴爾侯爵廣場
Praça do Marquês de Pombal

守護城市的英靈

　　龐巴爾侯爵廣場中央豎立 1934 年落成的龐巴爾侯爵青銅雕像，旨在紀念這位葡萄牙史上最具爭議及話題性的鐵血國務大臣，在 1750 至 1777 年執政期間，帶領國家迅速走出震災陰霾、邁向啟蒙時代的優異貢獻。紀念碑由葡萄牙建築師 Adães Bermudes、António do Couto 與雕塑家 Francisco dos Santos 組成的團隊建造，立柱高 36 公尺、頂部雕像高 9 公尺。龐巴爾侯爵面向他一手擘劃重建的龐巴爾下城區，身旁有一頭象徵權力的獅子，底座則被象徵「重建里斯本」的預言人物包圍。

推薦指數：★★★★

- Praça Marquês de Pombal
- 地鐵藍＋黃 Marquês de Pombal 站

里斯本探索旅圖

-184-

葡萄牙電影博物館
Cinemateca Portuguesa Cinema Museum

品味葡國光影史

葡萄牙電影資料館（Cinemateca Portuguesa）成立於 1948 年，1958 年以圖書館形式對外開放，經過數度翻新與擴建，於 2003 年在現址重新開放。博物館致力傳播與保存葡萄牙電影，擁有 3 座電影放映室與 1 個露天影院。常設展為各時代的電影放映設備、海報和劇照，也有收藏大量電影雜誌、專門著作的圖書室。參觀精心規劃的文物與文獻外，博物館所在的建築亦屬古典雅致，中庭蘊含曼努埃爾式風格，從地板到天花處處流露設計的細膩用心。

除展覽、放映及圖書室，館內還有一間「39 步」（39 Degraus）的餐廳，顧名思義，訪客需自入口處爬 39 級台階方可到達，也有與希區考克電影〈The 39 Steps〉（1935）相呼應的用意。餐廳菜色簡單，午、晚餐只有均一價的 €9.5 套餐，主菜為肉、魚、素食 3 擇 1，也有簡單輕食、蛋糕、冰淇淋等小食。周六 12 點至下午 4 點，提供每位 €17.5 的特選早午餐，餐廳的特色不僅僅在享受美食，更在洋溢濃厚電影氣氛的環境。

葡萄牙電影博物館
推薦指數：★★★★

- R. Barata Salgueiro 39
- 平日 10:00 ～ 17:00、周六 11:00 ～ 18:00（周日休）
- www.cinemateca.pt
- 地鐵藍 Avenida 站西北 350 公尺
- 免費

39 步餐館

- Parque Mayer
- 12:00 ～ 01:00（周日休）
- €10
- 39degraus.pt

景

阿瓜里弗渡槽 Aqueduto das Águas Livres
與水之母水庫 Reservatório da Mãe d'Água

環繞市區的水道橋與終點站

　　渡槽又稱水道橋，設計源於古羅馬時期，利用些微高低落差，將乾淨的水從源頭引至城市的高架式水利建築。阿瓜里弗渡槽建造於 18 世紀前半，為葡萄牙「太陽王」約翰五世（João V）為解決里斯本暨周邊用水缺乏的沉痾，所下令建造，龐大的興建資金以加收牛肉、橄欖油、酒等特別稅方式籌措。渡槽始建於 1731 年，由市區北側 12 公里的卡內薩斯（Caneças）引水向里斯本供應，1748 年正式啟用，時至今日，渡槽周邊仍可見相關紀念碑與拱門，包括名為「阿爾託卡瓦良噴泉」（Chafariz do Alto do Carvalhão）的歷史遺跡。

▲ 阿爾託卡瓦良噴泉 　　▲ 阿瓜里弗渡槽 　　▲ 阿瓜里弗渡槽內部

阿瓜里弗渡槽

👍 推薦指數：★★★★

📍 CC da Quintinha 6

🕐 渡槽 10:00 ～ 17:30（周一休）

💰 €4

⭐ 持里斯本卡折扣 50%

🚋 電車 24E 至 Campolide 終點站往西 550 公尺；地鐵黃 Rato 站西北 1.5 公里

里斯本探索旅圖

阿瓜里弗渡槽建成不久，即面臨震撼整座城市的里斯本大地震，幸而建物完好無損、通過考驗。之後百餘年，渡槽又經歷數次擴張與完善，形成主線長 18 公里、整體達 58 公里的給水系統，為葡萄牙 18 世紀最具代表性的公共建設之一。19 世紀下半，阿瓜里弗渡槽的任務逐漸被新建的現代化設施取代，先於 1967 停止運作，後在隔年正式退役。今日，遊客可購票入內登上渡槽，欣賞 200 多年前的建築工藝與俯瞰城市美景。

　　阿瓜里弗渡槽的水源最終導引至 1834 年竣工、容量 5,500 立方米（相當於兩座標準泳池）的水之母水庫。水庫建設時除考量實用功能，亦蘊含巴洛克與新古典主義風格，石柱拱頂華美具藝術性。穿梭其間，猶如走進氣氛迷幻的地下宮殿，循細窄石梯往上，可達水庫上層平台，眺望市區及周圍水道橋景致。須留意的是，水之母水庫雖標示需購買門票，唯筆者造訪時售票房未開，經保全引導得直接入內、免費參觀。

▲ 水之母水庫

水之母水庫

👍 推薦指數：★★★★

📍 Praça das Amoreiras 10　　💰 €5

🕙 10:00 ～ 13:30　　🎟 持里斯本卡折扣 50%

🚋 電車 24E 至 Jardim Amoreiras 站；地鐵黃 Rato 站西北 200 公尺

景
愛德華七世公園
Parque Eduardo VII

~~~~~~~~~ 離 塵 不 離 城

　　占地 25 公頃的愛德華七世公園，面積與台北大安森林公園相當，為里斯本市內最大的公園，它得名於紀念英國國王——愛德華七世於 1902 年造訪葡萄牙的外交盛事。公園內花草植栽整齊有序，綠帶為近似迷宮的幾何造景，漫步其間可感受鬧中取靜的舒適。公園北側有座紀念觀景台，中央豎立 4 月 25 日紀念碑，後方為巨幅葡萄牙國旗，兩側則是兩組高聳的方尖碑。值得一提的是，這座落成於 1997 年的紀念碑，出自葡萄牙雕塑家 João Pires Cutileiro 之手，因狀似男性生殖器而一度引發爭議。

👍 推薦指數：★★★★☆

📍 Parque Eduardo VII

🚇 地鐵藍 Parque 站

景

里斯本中央清真寺
Mesquita Central de Lisboa

認識伊斯蘭、走進穆斯林

鄰近西班牙廣場（Praça de Espanha）的中央清真寺，為當地穆斯林的信仰中心。考量市內穆斯林移民人數不斷增加（多來自非洲葡語系國家）的需求，宗教組織早在1966年已申請興建許可，唯因故延至1978年才獲批准，次年開始動工、1985年竣工。建築經費來自沙烏地阿拉伯、科威特等伊斯蘭國家的贊助，由鑽研葡萄牙傳統建築的 António Maria Braga 設計（他也是 Time Out 市場翻新的負責人）。中央清真寺融合中東與北非元素，屬後現代建築風格，室內格局與多數清真寺相仿，包括入口、祈禱室（頂部為圓頂）、伊斯蘭學校、叫拜樓等4個部分。寺方樂於分享與展示伊斯蘭教的教義與知識，入內請務必遵守服裝要求，女性可向寺方借用絲巾遮蓋頭髮（長髮需塞入頭巾內）。

👍 推薦指數：★★★

- 📍 R. Mesquita 2
- 🕐 平日 09:00～17:00（12:00～15:00 關閉）、假日休
- 🚇 地鐵藍 Praça de Espanha 站往南 500 公尺
- 🌐 www.comunidadeislamica.pt

古爾本基安美術館
Museu Calouste Gulbenkian

石油大亨的燦爛遺產

1969年10月正式對外開放的古爾本基安美術館，是根據實業家古爾本基安（Calouste Gulbenkian）的遺囑設立，為全球極富知名度的私人收藏館。館內的常設展主要有東方和古代藝術、歐洲藝術兩個部分，一如古爾本基安的豪快名言「only the best is good enough for me」，出手闊綽、眼光精準的他，藏品都是一時之選，看點包括：古埃及黃金面具、希臘羅馬時期雕塑、伊斯蘭器皿、中國陶瓷與裝訂書籍、日本浮世繪；以及聞名於世的畫作，諸如：林布蘭的〈雅典娜〉、馬奈的〈吹泡泡的男孩〉與〈手拿櫻桃的男孩〉、米勒的〈彩虹〉與〈冬景〉、雷諾瓦的〈正在讀《費加羅報》的莫內夫人〉和莫內的〈維特尼流域塞納河解凍〉與〈靜物甜瓜〉等。此外，知名雕塑家卡爾波的〈Flora〉、羅丹〈永恆的春天〉與〈加萊義民〉等均匯聚於此。

含金湯匙出生的古爾本基安，生於經營石油生意的亞美尼亞裔商戶家庭，優越的家世背景與學識經歷，使他成為經驗豐富且高明的談判者與金融專家。一、二戰期間，古爾本基安透過介入全球石油資源的分配與管控獲得高額收益，龐大財富成為他投資藝術品的底氣。經過數十年累積，古爾本基安的個人收藏高達6千餘件，他希望能集中在一個地方展覽，這個願望最終在里斯本實現。特別的是，古爾本基安原與葡萄牙毫無淵源，73歲時才首度應邀赴里斯本，本只是途經的一站，卻因病被迫滯留。意外延長的行程，讓他對這裡的寧靜平和萌生好感，直到去世都定居於此。古爾本基安晚年訂立遺囑時，選擇於葡萄牙成立基金會，亦在此落實他的博物館夢。

👍 推薦指數：★★★★

- 📍 Av. de Berna 45A
- 🕙 10:00〜18:00（周二休）
- ⭐ 常設展 €10
- ★ 持里斯本卡折扣20%、30歲以下半價、65歲以上折扣15%
- 💶 地鐵藍+紅 São Sebastião 站往北 200 公尺
- 🌐 gulbenkian.pt/museu/

Part 4 分區「里」解──分區景點、購物與美食導覽

- 191 -

景 坎波佩克諾鬥牛場
Sagres Campo Pequeno (Praça de Touros do Campo Pequeno)

鬥牛轉型中

　　鬥牛文化可追溯至 12 世紀殺牛祭神的宗教儀式，藉此表達崇敬之情，雖然世界各處都有類似紀錄，但仍以伊比利半島上最為蓬勃。葡萄牙歷史中，鬥牛活動占據一個重要的地位，歷任國王都擅於騎馬鬥牛，甚至曾致函教宗庇護五世，希望他取消禁止鬥牛的諭令。啟蒙運動時期，鬥牛被視為具娛樂性質的活動，18 世紀更發展出在封閉場地內舉行的鬥牛活動，也就是所謂鬥牛場的概念。葡萄牙鬥牛通常於傍晚舉行，相較西班牙鬥牛的血腥場面，此地較為「溫和」，即鬥士不會當場將牛刺死，而鬥牛的牛角也已被磨鈍。然而，在動保意識抬頭的今日，人獸對立的鬥牛顯得極具爭議性，葡萄牙民眾對此態度也出現分歧，目前僅中南部仍可見鬥牛表演。

坎波佩克諾鬥牛場建於 1892 年，靈感來自馬德里舊鬥牛場（已於 1934 年拆除），為一幢新摩爾式風格的磚砌建築，競技場內有近 7,000 個座位、最多可容納約 1 萬人。21 世紀初，鬥牛場經歷大規模的修復工程，內部建材從紅磚改為鋼筋混凝土。地下室部分被轉為購物商場，同時包含餐廳、酒吧、電影院、服飾店等商業空間。建物內曾設置以鬥牛文化為主題的小型博物館（Museu Campo Pequeno，票價 €5），展示葡萄牙史上知名鬥牛士的服裝與物件等，惜於全球冠狀病毒肆虐期間暫停開放（至 2024 年仍未恢復營運）。2019 年，鬥牛場管理權易主，名稱中的「鬥牛場」（Praça de Touros）一詞被移除、改為「Sagres」。新的經營團隊更著重於音樂會、舞台劇等藝術表演，但仍承諾每年舉辦 4 場傳統葡萄牙鬥牛，以延續這項歷史悠久的非物質文化遺產。

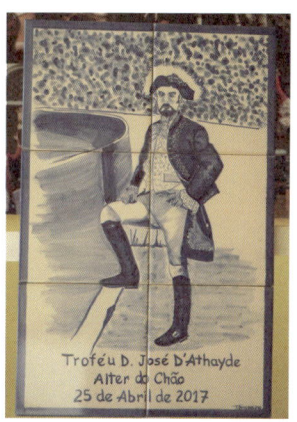

推薦指數：★★★

- Campo Pequeno
- 10:00～23:00
- 地鐵黃 Campo Pequeno 站
- www.sagrescampopequeno.pt

景

里斯本法蒂瑪玫瑰聖母堂
Igreja de Nossa Senhora do Rosário de Fátima

彩繪玻璃照耀聖母神蹟

里斯本法蒂瑪玫瑰聖母堂於 1938 年完工，使用鋼筋混凝土建材，為葡萄牙現代主義風格建築師 Raul Rodrigues Lima 的早期作品。雖曾獲當地極富盛名的建築獎項──瓦爾默獎（Prémio Valmor）肯定，卻因不同於傳統的簡潔線型設計，以及明顯清冷神聖的氛圍，使其在建成初期受到部分保守人士的批評。

法蒂瑪玫瑰聖母堂匯集多位葡國頂級藝術家的作品，其中最引人矚目的是視覺藝術家 Almada Negreiros 創作的彩繪玻璃，日落時分，陽光透過花窗灑落堂內，是兼具視覺與靈性的身心饗宴。教堂以「法蒂瑪玫瑰聖母」命名，故事源自葡國中部城鎮法蒂瑪（Fátima）在 1917 年發生的神蹟。當時，3 名牧童聲稱在該年 5 月至 10 月的每個 13 號，同一時間目睹聖母顯靈，並被告知 3 個祕密，內容包括對世界末日的預言與堅定對天主教的信仰。

推薦指數：★★★

- Av. Marquês de Tomar
- 08:00 ～ 13:00；16:00 ～ 19:30
- 地鐵紅＋黃 Saldanha 站西北 850 公尺
- 彌撒時間為平日 09:00、12:10、19:00；周六 10:30、16:30、19:00；周日 09:00、10:30、12:00、19:00

里斯本探索旅圖

食 高楚燒烤餐廳 Fogo de Chão

巴西燒烤吃到飽

高楚燒烤餐廳為一間在葡萄牙、西班牙、英國等地設有分店的連鎖餐館,創辦人來自巴西南部的市鎮新布雷西亞(Nova Bréscia),當地以拉丁美洲民族——高楚人(Gaúcho)的傳統食物——烤肉馳名於世,他將料理優化調整後,以自助餐吃到飽形式呈現。店內依照可選擇肉品種類的差異,基本分成5種價位,從單純的沙拉吧 €13.98 至涵蓋多種高級肉品的 €27.98,顧客可根據個人需求選擇。其中,自取沙拉吧有多種冷熱沙拉、巴西與葡萄牙特色菜餚和日式壽司,燒烤肉類則屬桌邊服務。店內環境清潔、菜品選擇多樣,招牌燒烤肉串十分出色,烤水果與蔬菜亦品質出眾。

Part 4 分區「里」解──分區景點、購物與美食導覽

為給予良好的用餐體驗，選擇肉類吃到飽後，服務生會將一個雙色圓柱體放在桌面。如欲食用烤肉，就將綠色朝上；如需暫停供應，則換成紅色，手持各式烤肉串的店員可以此判斷是否前來。可貴的是，不僅牛小排、豬肋排等風味極佳，撒上肉桂粉等調料烤製的整顆鳳梨亦十分美味，用餐可謂全程無雷。

👍 **高楚燒烤餐廳：**

- 📍 R. Martens Ferrão Nº28 A
- 🕐 12:00～15:00、19:00～23:30
- 🚇 地鐵黃 Parque 站西南 250 公尺；地鐵藍 Parque 站往東 450 公尺
- 💶 €15～€30
- 🏛 愛德華七世公園、龐巴爾侯爵廣場、自由大道
- 🌐 www.fogodechao.pt（Google Maps 線上訂位）

食 吉娜餐廳 Restaurante A Gina

在地饕客的口袋名單

離塵不離城的吉娜餐廳，位處自由大道周邊的隱密廣場內，為一間供應燒烤及葡萄牙傳統料理的庭園式家庭餐廳，營業時間總飄散令人垂涎的碳烤香氣。雖非觀光客絡繹的網紅名店，卻是本地居民樂於光顧與推薦的愛店。餐廳以海鮮料理、燒烤肉類最受歡迎，串燒與海鮮燉飯評價高，甜品亦頗獲好評。餐點份量充足，適合中意群體共享或大塊吃肉、暢飲啤酒或紅白酒的食客。由於空間寬敞、座位數多，餐廳內經常充斥愉快響亮的交談聲，所幸用餐區域多且分散，能感受熱鬧但不覺得喧囂。

吉娜餐廳：

- Parque Mayer
- 12:00～16:00、19:00～02:00
- 電車 24E 至 Príncipe Real 站東北 750 公尺；
  地鐵藍 Avenida 站西南 350 公尺
- €15～€30（丁骨牛排 €75、蒜香蝦 €16、海鮮燉飯 €22.5）
- 里斯本植物園（Jardim Botânico de Lisboa）、王儲花園、葡萄牙電影博物館、自由大道
- www.facebook.com/restauranteagina（Google Maps 線上訂位）

食 凡爾賽甜點店 Versailles

法式糕點、葡國發光

凡爾賽甜點店開業於 1922 年，由曾在法國學習的安圖內斯（Salvador José Antunes）於共和大道（Av. da República）15 號創立，他是一名熱愛法式糕點和文藝風情的葡萄牙人。店鋪整體採法國路易十四風格設計，包括：新浪漫主義的玻璃花窗、天花板與吊燈，裝潢古典華麗，櫃台陳列多款法式和葡式糕點，口感細緻香醇。除道地甜品，也供應早午餐與烤魚、葡式牛排等精緻美味的傳統料理，無論是哪一餐、何種口味都能獲得滿足。店內服務生俐落優雅，於櫃檯點妥甜點後，即由侍者直接送至桌面，迅速明確、一氣呵成。

👍 **凡爾賽甜點店：**

- 📍 Av. da República 15 A
- 🕐 07:15 ～ 22:00
- 🚇 地鐵紅 + 黃 Saldanha 站
- 💶 €5 ～ €20（葡式蛋塔 €1.9、烤牛排 €17.95、餐前冷盤 €10）
- 📍 古爾本基安美術館、里斯本法蒂瑪玫瑰聖母堂、王儲花園
- 🌐 grupoversailles.pt

里斯本探索旅圖

食 雞不可失 Frango E Não Só

霹靂烤雞帶著走

在葡萄牙，調味辣油 Piri-Piri 是一款極受歡迎的國民調料，能佐餐亦可入菜，被暱稱為「霹靂雞」（frango piri-piri）的葡式烤雞，正是以辣油為調味基底的葡國名菜。販售這類炙烤料理的店家隨處可見，既有提供內用服務的餐廳，也有拿了就走的街邊小攤，廣受周圍鄰居喜愛的雞不可失，就屬於後者。店家將事先醃漬的全雞置於鐵網上炙烤，由於本地人喜歡濃郁的炭燒香味，致使烤雞外皮往往會有輕微焦黑的情況。梅納反應使其入口時更添香氣，這也是令霹靂雞更加美味的祕訣所在。

除了單點，雞不可失也提供包含 3 種招牌商品的超值組合——1 號餐（€10，含半隻烤雞、4 條豬肋排、1 根香腸）與 2 號餐（€13，含半隻烤雞、8 條豬肋排、2 根香腸），還有適合全家享用、份量更足的家庭餐。主食方面，有薯片、米飯兩種選項，烤肉鮮嫩多汁，香腸則屬不甜的台式香腸口感，用餐時間生意興隆，等候 10、20 分鐘實屬常態。店主親切開朗，沒有舒適美觀的裝潢，卻蘊含最道地的平民風味。

👍 **雞不可失：**

- 📍 R. Dr. António Martins 12A
- 🕐 周二至周六 10:00～15:00、17:30～22:00；周日 10:00～15:00（周一休）
- Ⓢ 地鐵藍 Praça de Espanha 站西北 600 公尺
- 🏠 €10
- 📍 里斯本中央清真寺、古爾本基安美術館、Rede Expressos 巴士站、動物園
- 🌐 grupoversailles.pt

東方滋味 Sabor Oriental

道 地 東 北 家 常 菜

鄰近動物園與巴士站的東方滋味，為 2023 年新開幕的中餐館，店內裝潢簡約清爽，寫滿黑板的中文菜單令人備感親切。別於為適應當地口味調整餐點內容與調味的同行，東方滋味供應份量足且道地的東北菜，包括：鍋包肉、溜肉段、黏豆包、醬肘花、東北冷麵與麻辣燙等正宗料理，適合想念中餐又欲嘗鮮的華人食客。

👍 東方滋味：

- 📍 Estr. de Benfica 211
- 🕐 12:00～15:00、18:50～22:30
- 🚇 地鐵藍 Jardim Zoológico 站西南 100 公尺
- 💶 €10～€25（水煮牛肉 €16.9、鍋包肉 €10.9、溜肉段 €10.9、燒茄子 €6.9）
- 🚌 動物園、Rede Expressos 巴士站
- 🌐 sabororiental.eatbu.com（Google Maps 線上訂位）

里斯本探索旅圖

- 200 -

{ 市區西郊 }

　　介於里斯本市中心與貝倫區間的西郊，目前暫無地鐵線行經，大眾運輸以公車及少量電車為主，是遊客較少涉足的區域。儘管知名景點有限且零星分佈，卻擁有滿滿的煙火氣，讓旅客感受別於觀光區的生活感。雄偉典雅的埃什特雷拉聖殿、舊工廠改建的 LX 文創工廠與展示皇家文物的阿茹達宮，為此區遊客絡繹的看點，交通方面，除搭乘大眾運輸，或可選用相對省時省力的 Bolt 等線上叫車軟體前往。結束遊覽後，可再轉往貝倫區繼續行程。

市區西郊

- 佩索亞之家
- 埃什特雷拉聖殿
- 往里斯本市中心
- 里斯本蒂芬咖啡館
- 28E電車站 Campo Ourique (Prazeres)
- 國立古代美術館
- LX文創工廠
- 慢慢讀
- 支柱7-橋樑體驗
- 大加斯河
- 4月25日大橋
- Carris博物館
- 阿茹達宮
- 阿茹達植物園
- 點一下小館
- 侯爵烤
- 往貝倫

里斯本探索旅圖

埃什特雷拉聖殿
Basílica da Estrela

女王還願成哀怨

1760年，26歲的瑪麗亞親王與長己17歲的叔叔佩德羅王子結婚，夫婦雖有年齡差但感情極佳，隔年長子若澤親王（José, Príncipe do Brasil）誕生，兩人起誓如果兒子能繼承王位，就修建一座教堂還願。1777年，前任國王若瑟一世（José I）病逝，瑪麗亞與佩德羅夫婦一同繼位，兩人頭銜亦轉變為瑪麗亞一世（Maria I）和佩德羅三世（Pedro III），眼見16歲的長子稱王有望，女王便於1779年下令修築埃什特雷拉聖殿（意譯為星星聖殿）。遺憾的是，就在聖殿竣工前兩年的1788年，27歲的若澤王子竟因天花不幸病逝⋯⋯瑪麗亞一世兩年內接連遭逢丈夫（1786）、長子（1788）去世打擊，萌生嚴重的憂鬱疾患，精神狀態時好時壞，逐漸失去處理國事的能力，她也得到「瘋女」的綽號。1816年，82歲的女王在巴西里約過世後，遺體被運回里斯本，長眠於自己催生的埃什特雷拉聖殿。

埃什特雷拉聖殿具後期巴洛克與新古典主義風格，立面中間裝飾著代表耶穌聖心的浮雕，周圍是聖徒與聖經寓言，兩側各有一座塔樓。聖殿的牆面與地板以灰、粉紅及黃色大理石建成，瑪麗亞一世的石棺置於右側耳堂（Transepto），光線透過中央巨大穹頂射入堂內，營造令信徒敬畏的神聖氛圍。堂內有多幅出色的聖經畫與藝術品，最具代表性的，應屬葡萄牙史上首屈一指的雕塑家 Joaquim Machado de Castro（1731～1822），運用軟木與陶土創作超過 500 個塑像的耶穌誕生場景。需提醒的是，欲參觀上層平台及耶穌誕生場景雕塑群的旅客，均需至教堂正門右側的紀念品銷售處購票，前者需經售票員引導入內，再自行攀爬螺旋石梯到教堂頂層；後者持票入教堂前方右側，即有服務人員帶領前往，耶穌誕生場景雕塑群就位於瑪麗亞一世石棺後方密室內。

推薦指數：★★★

📍 Praça da Estrela

🕐 10:30 ～ 13:00、15:00 ～ 19:30（周六延長至 20:00）、周日 10:00 ～ 20:00

💰 教堂免費；參觀上層平台 €4、耶穌誕生場景雕塑群 €2

🚃 電車 25E、28E 至 Estrela 站；地鐵黃 Rato 站西南 1.1 公里

景 佩索亞之家 Casa Fernando Pessoa

斜槓詩人的創作基地

里斯本老咖啡館的眾多名人來客中，十有八九可見作家費爾南多·佩索亞（Fernando Pessoa，1888～1935）的身影。這位葡國 20 世紀最重要的文學人物，身兼詩人、作家、文學評論員、翻譯家、出版商與哲學家、占星學家、通靈師、神祕主義者等身份，他以此多重才能謀生，是涉獵廣泛的斜槓藝文人士。佩索亞生前已頗富知名度，唯影響力僅止於文學圈，直到他去世後，多元「天賦」才真正出圈，躍升 1980 年代西方文學的旗幟表率，被譽為是繼 16 世紀詩人賈梅士（Luís Vaz de Camões，或譯作卡蒙斯）之後，最重要的葡萄牙語作家。

里斯本出生的佩索亞，8 歲隨母親和繼父移居南非德班，17 歲獨自回到故鄉──里斯本，從此再未離開過這座他心愛的城市。佩索亞是一位多產作家，除以自己的名義發表，還創造出「異名」（Heteronymy）這項文學技巧，也就是，藉由不同外貌、性格、閱歷、職業、人生哲學、星盤的虛構作者人設，發表獨樹一格的觀察甚或極端、偏激的觀點。鑑於每個「異名」都具有迥異的形象，因此佩索亞不把「他們」視為筆名，而是獨立存在的個體。截至目前為止，後世研究者已發現超過 130 個異名，並且持續增添中。其中，故事背景為 20 世紀初里斯本、以小職員視角寫作的仿日記式自傳體小說《不安之書》（O Livro do Desassossego，又名惶然錄），

即是以 Bernardo Soares 的異名撰寫——「他」為一名在龐巴爾下城區工作的布料店助理會計師，人生歷程與現實生活中的佩索亞頗為相似。特別的是，這本佩索亞最重要的散文作品，於他去世 47 年後才在里斯本出版，內文包含 1913 至 1935 年間 500 多篇日記片段、格言與日常反思，每一篇既獨立的存在又彼此相關。

佩索亞之家為佩索亞自 1920 至 1935 年間、生命最後 15 年的居所，現為一幢 3 層樓的展覽館，內容涵蓋佩索亞的日常生活、體悟寫作，與一座專門研究世界詩歌的私人圖書館。館方建議訪客先搭電梯至最高層（3 樓）開始參觀行程，再循樓梯往下參觀，逐步了解佩索亞的創作人生。

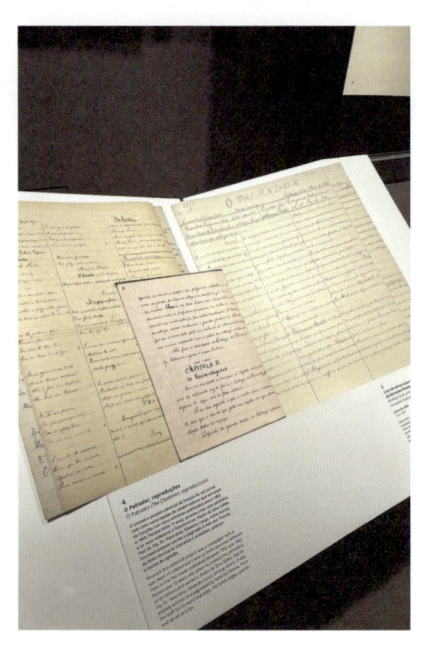

推薦指數：★★★

- R. Coelho da Rocha 18
- 10:00～18:00（周一休）
- 普通票 €5、含導覽 €6
- 電車 25E、28E 至 Estrela 站西北 450 公尺；地鐵黃 Rato 站西南 900 公尺
- casafernandopessoa.pt
- 提供西班牙語、法語、英語導覽，可透過官網查詢時間並預約。

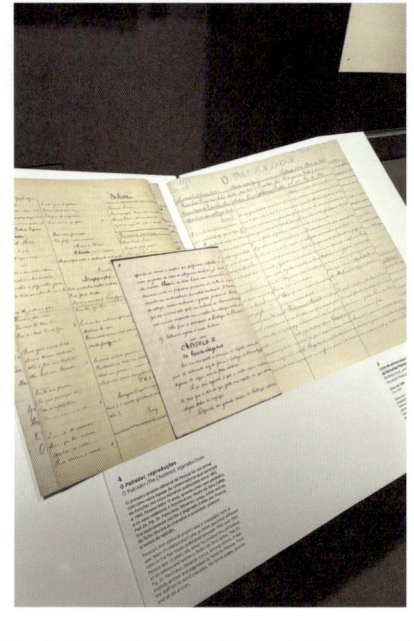

景 國立古代美術館
Museu Nacional de Arte Antiga

宗教藝術寶庫

　　簡稱 MNAA 的國立古代美術館，成立於 1884 年，為葡萄牙最重要的博物機構。館內收藏為數眾多葡萄牙藝術家的作品，歐洲各國以宗教為主題的繪畫、雕塑與黃金珠寶、陶瓷家具等裝飾藝術，以及來自中國、印度、日本、巴西與非洲的異國文物，總量達 4 萬件。回顧美術館的緣起，始於 1833 年起葡萄牙政府以世俗化的名義沒收教會財產，導致眾多教堂和修道院的藝品流入民間。眼見事態漸趨嚴重，自由主義政治家 Manuel da Silva Passos 遂倡議成立負責選擇、保管和展示藝術品的國家繪畫藝廊。隨著藏品不斷增加，輔以獲得王室資助，政府最終於 1884 年購入 17 世紀末建成的阿爾沃龐巴爾宮（Palácio de Alvor-Pombal），將其用於建構國立古代美術館。

國立古代美術館的主要看點為多幅珍稀的葡萄牙古老宗教畫，當中可能是 1450 年繪製、被認為出自 15 世紀宮廷畫家 Nuno Gonçalves 之手的「聖文生祭壇畫」（Painéis de São Vicente de Fora），更被譽為是「近世葡萄牙藝術最偉大成就」的鎮館之寶。「聖文生祭壇畫」是由 6 塊橡木畫板組成的多聯油畫，自 1880 年代末於城外聖文生修道院「重現」後，專家學者對於其作者、內容、呈現順序與畫中人物、蘊含何種象徵意義及隱喻等，都進行深刻複雜的討論，並由此產生不少爭議，例如：創作此畫的原因，可能是讚頌葡萄牙的航海成就，欲促進阿維斯王朝的團結，抑或有其他尚不為人知的祕密暗喻。儘管尚有許多未解之謎，畫作本身的藝術價值與歷史意義，已確立它無法撼動的歷史地位。

👍 推薦指數：★★★

📍 R. das Janelas Verdes

🕙 10:00～18:00（周一休）

💶 €10

⭐ 持里斯本卡免費

景 阿茹達宮 Palácio Nacional da Ajuda

昔日的國王家、今日的博物館

　　阿茹達宮為一座外觀純粹簡約、內部精雕奢華的裝飾藝術博物館，因地處相對稍遠而知名度略低。阿茹達宮始建於 1795 年，初期為洛可可風格設計，未幾因缺乏資源而中斷。繼任的設計團隊考量現實狀況後，選擇將總體規劃縮減，改採強調簡單線性結構的新古典主義。無奈的是，建設過程中不斷受到財政吃緊及政治衝突等干擾，數度暫緩甚至停止施工，不僅時程拖拉延宕百年餘，王室也因故幾度遷入遷出。1862 年，新任國王路易斯一世決定將宮殿作為皇家居所，隨即進行又一次的翻修，此地也成為舉辦官方儀式的重要場合。1910 年葡萄牙革命推翻王室，國王曼努埃爾二世流亡海外，宮殿也隨之關閉，從此乏人問津。期間，政府將皇室文物盤點後儲存在阿茹達宮，最終於 1968 年以博物館形式對公眾開放。阿茹達宮屬典型的「潔白其外、金玉其內」，廳內裝飾宏偉大氣。數十個由王室居所改建的廳室，展示為數眾多的 18、19 世紀藝術藏品，包括：金銀器皿、紡品家具、刺繡地毯、陶器擺件、珠寶飾品、皇家馬車以及眾多的王室肖像畫，金碧輝煌令人目不暇給。

👍 推薦指數：★★★★

📍 Largo da Ajuda
🕐 10:00～17:30（周三休）
💰 €8
🎫 持里斯本卡免費
🚋 電車 18E 至 Palácio Nacional Ajuda 站

Part 4 分區「里」解──分區景點、購物與美食導覽

里斯本探索旅圖

- 210 -

景 阿茹達植物園 Jardim Botânico d'Ajuda

葡萄牙最古老花園

　　興建阿茹達植物園的歷史，可回溯至 1755 年里斯本大地震後，為此惶惶不安的國王若瑟一世，決定將住所從受創極重的里斯本，轉移至影響較輕的阿茹達（Ajuda）。在國王的指示下，肩負重建重任的龐巴爾侯爵，邀請義大利植物學家 Domingos Vandelli 於此設計一座花園，旨在提供皇室休閒與教育君主子嗣的空間。1786 年，皇家植物園落成，這便是阿茹達植物園的濫觴。期間，植物園因 1808 年拿破崙入侵遭嚴重破壞，至約翰六世自巴西返國後才又重新啟用，1910 年葡萄牙國王退位、共和國成立，本屬於皇家禁地的植物園也隨之對公眾開放。

　　阿茹達植物園占地 3.5 公頃（約台北市植物園的一半），為一座布局完美對稱的義大利式雙層花園，園內廣植來自非洲、亞洲、美洲的植物物種，還有一座總長約 2 公里、裝飾成幾何圖案的黃楊樹籬，及一棵樹齡達 400 年的龍血樹。步行其間，除可欣賞里斯本市區與太加斯河周遭景致，還有悠閒自在的孔雀現身左右。

- 推薦指數：★★★★
- Calçada da Ajuda
- 10:00 ～ 18:00
- €2
- 電車 18E 至 Cç. Ajuda 站

景 LX 文創工廠 LX Factory

老工廠、新文創

　　LX 文創工廠為以創意為發想的商業與藝術場所，目前園區內有超過 50 家商店，從音樂、建築、畫廊、攝影、前衛設計、藝術家工作坊到時尚小餐館、藝文書店、音樂廳、咖啡館、手作攤、有機農產等包羅萬象，是當地居民與觀光客趨之若鶩的新創園地。LX 文創工廠的所在地點，過去是 19 世紀里斯本工業區──阿爾坎塔拉（Alcântara）的核心地帶，主建物為 1846 年落成的里斯本紡織廠總部。隨著產業沒落，這裡也漸漸乏人問津。轉折發生在 2008 年，房地產公司 Mainsite 購入總面積近 7 千坪的廢棄工廠群，並將其轉型為豐富多元的新型態「工廠」。格局方面，團隊僅修復危樓部分，盡可能保留工廠的原始架構，廢棄紡織機組、斑駁破敗牆面與手繪塗鴉壁畫，種種元素營造出視覺上的奇異反差。LX 文創工廠的價值在將過去與現在連結，並融合出獨具里斯本當地特色的藝術環境。

　　除每日營業的商鋪，每逢周日上午 10 點至傍晚 7 點，還有以原創手作、二手古著、首飾配件、花草植栽為主軸的 LX 露天市集（LXMarket）。創意天馬行空、品項多不勝數，不僅啟發想像力，更挑動購物欲。

推薦指數：★★★★☆

- R. Rodrigues de Faria 103
- 09:00 ～ 22:30
- 免費
- 電車 15E 至 Estação De Santo Amaro 站東北 200 公尺
- lxfactory.com

里斯本探索旅圖

-212-

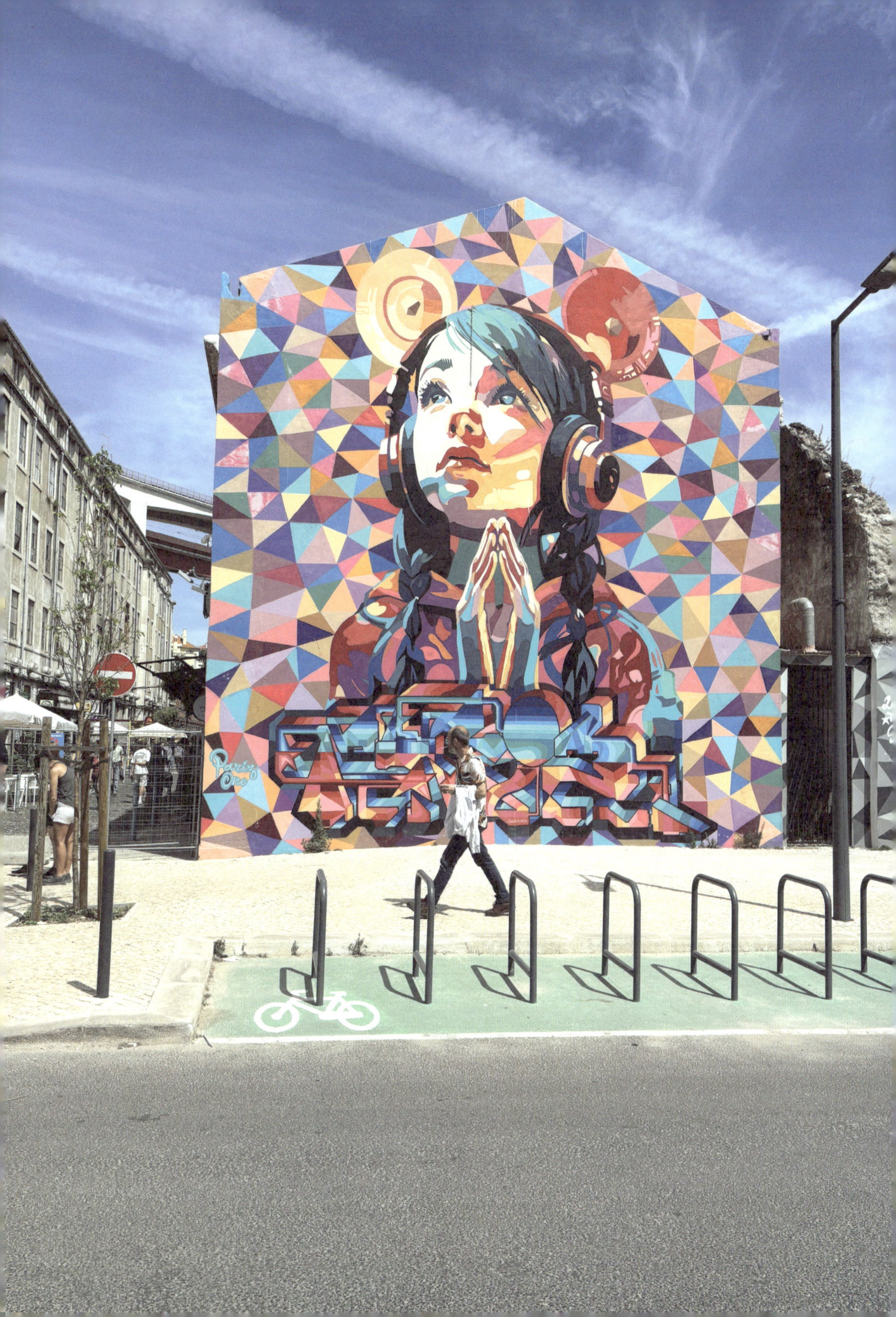
Pariz One

景

慢慢讀 Ler Devagara

看書與看書店

　　位於 LX 文創工廠內的慢慢讀，為融合書店、圖書館、展覽館與葡萄牙音樂、餐廳、酒吧的複合式場域。慢慢讀成立於 1999 年，初時落腳於上城區，曾獲葡萄牙乃至國際媒體評為世界最美麗的 20 家書店之一。期間，慢慢讀因故搬離舊址，2008 年獲 LX 文創工廠團隊邀請，於此地重新開幕。

　　慢慢讀坐落於一幢舊廠房內，占地 181.5 坪、共有 4 層。館內藏書豐富、涉獵廣泛，包括 4 萬多冊新書與 1 萬冊舊書。書店內外都有令人眼睛一亮的裝置藝術，一樓占據整個牆面的書櫃、空中騎行的少年，和二樓以舊印刷機為發想的復古空間，經常吸引遊客拍照駐足。不受拘束的天馬行空，輕鬆舒緩的閱讀風氣，構成慢慢讀兼具動態觀光與靜態閱讀的雙重魅力。

推薦指數：★★★★★

- R. Rodrigues de Faria 103 - G 0.3
- 周日至周三 10:00～22:00、周四至周六 10:00～00:00
- 免費
- 電車 15E 至 Estação De Santo Amaro 站東北 200 公尺
- www.lerdevagar.com

Carris博物館 Museu da Carris

大眾運輸有段古

　　成立於 1872 年的 Carris，是里斯本主要的公共客運公司，管轄運營超過百條路線，範圍涵蓋公車、電車、3 台升降機及聖胡斯塔電梯等 4 種運輸方式。1999 年 1 月對外開放的 Carris 博物館，位處於 Carris 公司總部內，旨在保存並展示該公司自 19 世紀以降的進化史——從最初的馬匹牽引到電力驅動，至 20 世紀中，因應觀光客增加，將有軌電車轉型為旅遊用途的蛻變。博物館地處公司正門右側，靜態展覽的文獻中心為免費開放，可見珍貴的設計圖紙、公司文件與影像紀錄，進入車庫則須門票。參觀方式為購票後，至文獻中心最右端乘車處等候，由工作人員引領前往乘坐復古電車，行駛約 5 分鐘即達車庫，其內收藏數十輛別具意義的舊型巴士和電車，結束後再搭電車原路返回，宛若一場穿越時空的運輸之旅。

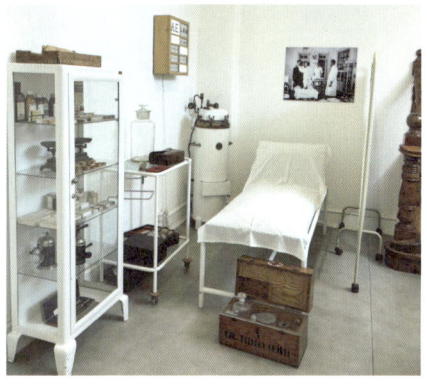

推薦指數：★★★☆

- R. 1º de Maio 101 103
- 10:00～12:30、14:00～17:30 文獻中心免費；售票車庫僅周一開放
- €4.5
- 持里斯本卡折扣 30%
- 電車 15E、18E 至 Estação De Santo Amaro 站
- museu.carris.pt

食

里斯本蒂芬咖啡館
Tiffin Cafe Lisboa

舌尖上的四季蔬食

　　蒂芬咖啡館主打現點現製的早午餐、輕食、飲料及甜點，食材來自當地有機農場與自製麵包糕點，保證每道都是具水準的健康珍饌。主廚會依據季節時令更新菜單，運用新鮮蔬果烹調葡式蔬食料理，這意味每次造訪都有機會品嘗不同菜式，用舌尖體會里斯本的春夏秋冬。店內佈置簡約清新、環境寬敞明亮，店員親切熱心，不僅主動介紹餐點，亦提供新鮮糕點試吃。廚房採開放式設計，食客可親眼見證烹調過程，為用餐體驗增添視覺趣味。

👍 **里斯本蒂芬咖啡館：**

- R. do Conde 32, 1200-637 Lisboa
- 平日 07:30～17:00；假日休
- 電車 25E 至 R. Garcia Orta 西南 200 公尺
- €10～€20（主餐 €7.5）
- 國立古代美術館
- www.facebook.com/tiffincafelisboa

里斯本探索旅圖

食

點一下小館 Rota dos Petiscos

eeeeeeeeee 值 得 探 索 的 在 地 美 味

　　點一下小館位處兩大觀光熱點——阿茹達宮與貝倫間，為當地人喝咖啡聊是非的愛店，洋溢童叟無欺的人情味。小館供應葡萄牙傳統點心和家常菜，葡式牛排、蒜香蝦、豬扒包、煎鮭魚、鱈魚球等均屬經濟實惠，營業時間長且下午無休，適合奔忙於各景點間、需中場休息的觀光客。除享用主餐，也有自製的手作甜點，巧克力蛋糕苦甜醇厚，布丁、奶酪與塔類等濃郁非常，品質可與名店媲美。

👍 點一下小館：

- 📍 Calçada da Ajuda 199
- 🕐 周一、周三 08:00 ～ 19:00；周四 08:00 ～ 22:00；周五與周六 08:00 ～ 23:30、周日 09:00 ～ 19:00（周二休）
- 🚋 電車 18E 至 R. Bica Marquês 站
- 💰 €5 ～ €15（咖啡 €0.85、布丁 €2.5、鱈魚球 €1.9）
- 🏛 阿茹達宮、阿茹達植物園
- 🌐 www.facebook.com/tiffincafelisboa

食 侯爵燒烤 Churrasqueira do Marquês

里斯本第一烤雞

燒烤可謂葡萄牙人最愛的 B 級美食，除專營外賣的街邊小店，也有以此為招牌料理的專賣餐館，侯爵燒烤便是其中很獲在地饕客讚賞、高 CP 值的寶藏餐館。店內除供應全雞、豬肋排、牛肉串、香腸及沙丁魚、鮭魚、章魚等各式炭火烤肉，也有葡式牛排、海鮮燉飯等多款道地葡國家常菜。餐點無雷、訂價合理、飯量充足、氣氛溫馨，自製甜品如布丁、提拉米蘇、蛋糕均有相當水準，餐前麵包同樣烤得鬆軟酥脆，無怪店內總是擠滿當地回頭客。

👍 **侯爵燒烤：**

- 📍 Calçada da Ajuda 184
- ⏰ 11:30 ～ 15:30、19:00 ～ 22:30（周一晚間休息）
- 🚋 電車 18E 至 R. Bica Marquês 站往南 100 公尺
- 💰 €10 ～ €20（烤雞半隻 €8、肋排 €10.8、牛排特餐 €9.5、海鮮燉飯 €9）
- 🏛 阿茹達植物園、阿茹達宮
- 🌐 www.facebook.com/churrasqueiradomarques

{ 貝倫區 Belém }

貝倫在葡萄牙語中等同於耶穌的出生地伯利恆（同為 Belém），也是地理大發現時期，探險家邁向未知旅程的起點。位處此區的世界遺產——熱羅尼莫斯修道院與貝倫塔，不僅被視為曼努埃爾式建築的經典，亦是葡萄牙曾經海權帝國的象徵。時至今日，貝倫已卸下繁重的世界港任務，搖身一變成為包含數座綠地花園、博物機構、河濱休憩步道的觀光聖地。當然，除必須造訪的景點，更得品嘗發源於貝倫、世界馳名的元祖葡式蛋塔。

里斯本探索旅圖

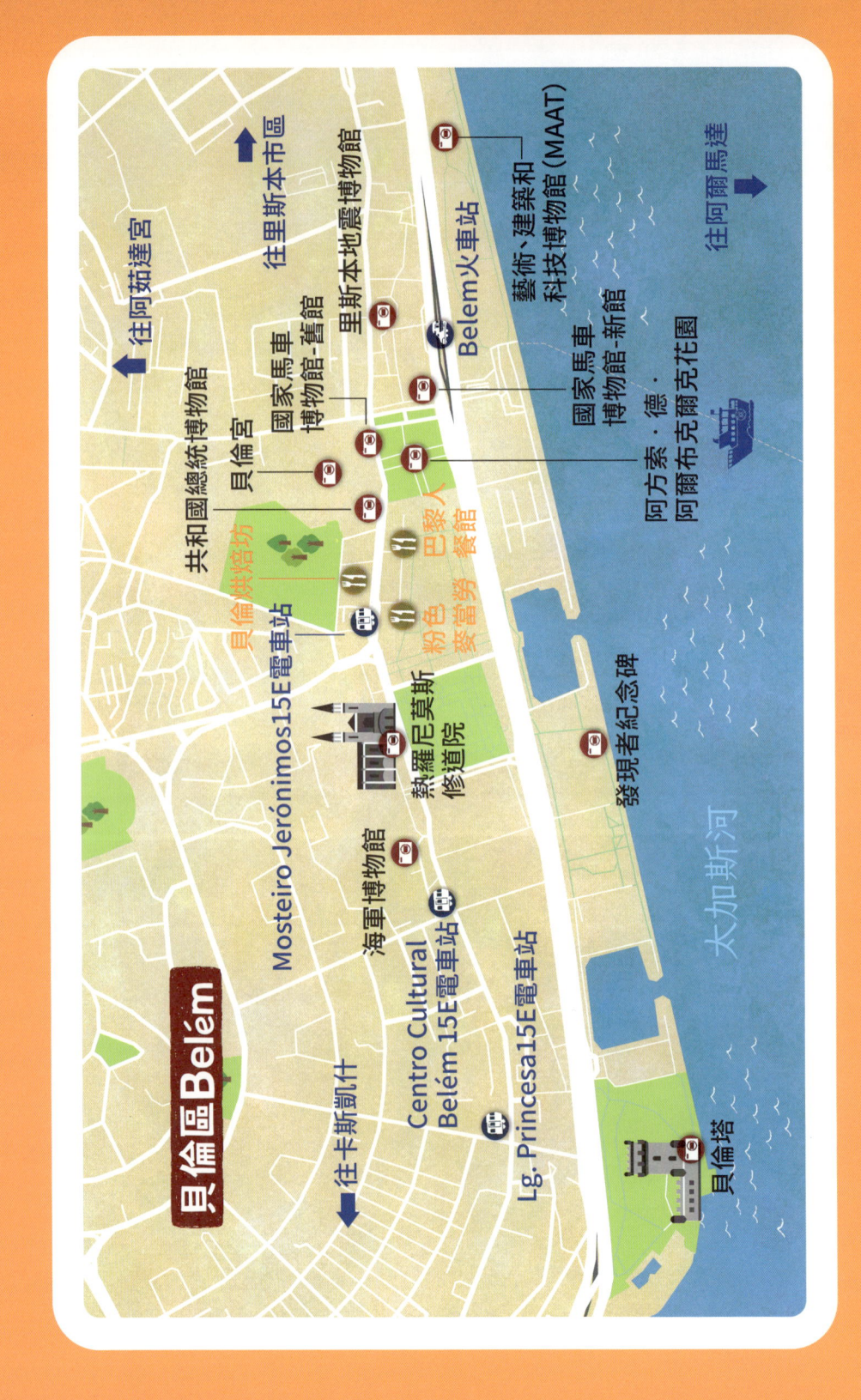

-220-

藝術、建築和科技博物館 MAAT

lllllleeeee 跨領域品新視野

　　2016年開幕的藝術、建築和科技博物館（以下簡稱MAAT），為當地藝術家、建築師與思想家等專家學者，跨領域對話及主題合作的展覽中心。MAAT所在建物由舊電廠——特茹發電中心（Central Tejo）與新建築等兩部分組成，前者是葡萄牙20世紀上半最著名的工業建築典範，1990年開始以電力博物館之姿對外開放；後者為2016年10月落成、耗資兩千萬歐元，由英國建築師Amanda Levete設計的橢圓流線型建物，內部包括4個展覽空間，它也與所在地形、地景、人流的協調融合，人們可步行至頂層休憩遊覽，被譽為「歐洲最抒情的新博物館」之一。

　　MAAT有3個常設展與數個臨時展，常設展包括：位在特茹發電中心內的電力廠展覽（A Fábrica da Eletricidade）、豎立於太加斯河畔的裝置藝術「Pedro Cabrita Reis」，以及安裝在新館前河濱長廊的地景藝術「Placed on Either Side of the Light」，後兩項都可免票欣賞。電力廠展廳設置於1909年投入運作的特茹發電中心，為供應里斯本城市電力的火力發電廠，1975年因設備陳舊關閉，爾後轉作科學博物館。電力廠除展示內部機械運作、產電原理，亦以「能源的歷史」為題，邀請參觀者共同關注能源轉型、再生與永續性的問題，正視全球氣候變遷的挑戰。

- 推薦指數：★★★★
- Av. Brasília
- 10:00～19:00（周二休）
- €11
- 持里斯本卡折扣 15%
- 電車 15E 至 Altinho (MAAT) 站往南 200 公尺
- www.maat.pt

景

里斯本地震博物館
Quake - Lisbon Earthquake Museum

雷神之鎚造就天崩地裂

　　2022 年開幕的里斯本地震博物館，為一座沉浸式互動體驗機構，訪客可在 100 分鐘裡，透過模擬器設備和特效，親眼目睹與親身感受 1755 年的里斯本大地震，和這座城市數百年間的興衰起伏。別於傳統博物館「置身事外」的單向展覽，地震博物館則強調「重回當下」的震撼，可謂集科學教育、密室逃脫與迪士尼遊樂園於一體的複合式園區。對身處頻繁地震帶的台灣人而言，除宛若災難重現的恐怖，更有教學相長、居安思危的體悟。

　　館內採固定時間、團進團出模式，在工作人員帶領下依序參觀。鑑於部分熱門時段經常客滿，如確定時間，建議先於官網預約，確保行程無虞之外，亦能享受票價 9 折優待。

- 推薦指數：★★★★
- R. Cais de Alfândega Velha 39
- 10:00～18:00
- €21～€31（票價因應時間、日期、季節而異，官網購票打 9 折）
- 電車 15E 至 Altinho (MAAT) 站西南 150 公尺
- lisbonquake.com

里斯本探索旅圖

國家馬車博物館
Museu Nacional dos Coches

黃金馬車的奢華歲月

　　國家馬車博物館是以馬車為主題的罕見收藏機構，現由兩幢建築物組成，分別是貝倫路（R. de Belém）上的舊館與鄰近印度大道（Av. da Índia）的新館，兩者均鄰近阿方索・德・阿爾布克爾克花園（Jardim Afonso de Albuquerque），相距僅200公尺。館內匯集16至19世紀世界上最豪華獨特的馬車相關藏品，其中大部分來自葡國王室，包括：貴族使節、皇親國戚的專用馬車，騎士制服、馬匹用具等珍貴文物，總數超過9千件，不僅為全球最大的馬車博物機構，也是葡萄牙吸引最多遊客造訪的國家級博物館。

▲ 大使馬車　　▲ 里斯本加冕馬車　　▲ 海洋馬車

　　舊館前身為18世紀成立的「貝倫皇家馬術競技場」（Picadeiro Real de Belém），建物屬新古典主義風格，內場長50公尺、寬17公尺，用以訓練馬匹及舉辦馬術表演和比賽，葡萄牙王室可在四周陽台觀看比賽。1905年，國王卡洛斯一世的妻子、王后阿美莉（Amélia de Orleães）倡議將此地改建為馬車博物館，目的在收集、保護和展示屬於王室的公共車輛。隨著藏品的不斷增加，政府持續有拓建博物館的計畫，2015年新館終於建成，儘管大部分藏品已移往新館，唯基於紀念，舊館仍保留可供參觀的展覽中心，陳設馬車、騎兵配件及王室畫廊等族繁不及備載。

▲ 柏林達遊行

-223-

國家馬車博物館的收藏亮點

名稱	年份	特點與裝飾說明
腓力二世大馬車 Coche de Filipe II	16世紀末	館內最古老的馬車，屬16世紀末的車輛類型，座位下方安置簡易馬桶，利於長途旅行。
教宗克勉十一世馬車 Coche do Papa Clemente XI	1715年	教宗克勉十一世贈給國王約翰五世的馬車，上面裝有「祝福腰帶」，給長子若澤王子接受洗禮。
里斯本加冕馬車 Coche da Coroação de Lisboa	1716年	裝飾象徵富饒和名譽的兩位女神正在為里斯本加冕，而其腳下的兩位奴隸分別代表非洲與亞洲。
海洋馬車 Coche dos Oceanos	1716年	裝飾內容源自葡萄牙航海史的寓言，中央為阿波羅，兩側為春、夏之神，腳下兩位老人象徵大西洋和印度洋，雕像握手則有通過好望角被連結起來之意。
大使馬車 Coche do Embaixador	1716年	裝飾有戰爭女神Belona、航海女神Navegaçã及海妖Adamastor，意指葡萄牙在眾神的指引與庇佑下通過各種考驗。
柏林達遊行 Berlinda Processional	1740年	卡波聖母（Nossa Senhora do Cabo）遊行時，負責運送聖像的車輛。
眼鏡賽吉 Sege dos Óculos	18世紀	兩輪兩座旅行車，正面有兩個圓形的透明觀景窗。馬車可由乘客駕駛，擁有快速、堅固與簡單操作的優點。
郵務車 Mala-Posta	1854年	兼有運送郵件與乘客功能的旅行車輛，車伕坐在車廂頂部。
蘭道弒君馬車 Landau do Regicídio	1900年	車型屬現代休閒馬車。1908年2月1日國王卡洛斯一世與兩子返回皇宮途中遭暗殺時的座車，車體上可見清晰彈痕。

　　國家馬車博物館內的車輛收藏，涵蓋四輪大馬車（Coche）、四輪馬車（Berlinda）、蓬蓋四輪雙座馬車（Sege）、有蓬單馬輕便馬車（Vitória）與人力轎（Cadeirinha）等5種類型。各具特色的華麗馬車不勝枚舉，訪客可透過官網介紹或購買簡體中文版指南，建立較完整的認識。

▲ 眼鏡賽吉

▲ 來自 23 世紀的復古未來主義概念車

▲ 郵務車

國家馬車博物館—新館

👍 推薦指數：★★★★★

- 📍 Av. da Índia 136
- 🕙 10:00 ～ 18:00（周一休）
- 💰 €8
- ⭐ 持里斯本卡免費
- 🚋 電車 15E 至 ABelém (Museu Coches) 站往南 250 公尺
- 🌐 museudoscoches.gov.pt/pt/

國家馬車博物館—舊館

👍 推薦指數：★★★★

- 📍 Praça Afonso de Albuquerque
- 🕙 10:00 ～ 18:00（周二休）
- 💰 €5
- ⭐ 持里斯本卡免費
- 🚋 電車 15E 至 ABelém (Museu Coches) 站往西 80 公尺

Part 4 分區「里」解——分區景點、購物與美食導覽

- 225 -

景

貝倫宮 Palácio de Belém

eeeeeeeeeee 曾經的王宮、現在的官邸

　　擁有超過 500 年歷史的貝倫宮，曾經是葡萄牙皇室的王宮，現則為葡萄牙總統官邸。貝倫宮目前提供兩種參訪模式，一是涵蓋大部分設施的官邸導覽，一是收藏並展示總統相關文物的共和國總統博物館（Museu da Presidência da República）。前者僅於每周六、分 5 梯次舉行，遊客需在博物館人員的指導與陪伴下以團體形式參觀，範圍包括：禮賓翼、黃金廳（Sala Dourada）、禮拜堂（Capela）、帝國廳（Sala Império）、大使廳（Sala dos Embaixadores）及總統辦公室等地點，但可能因總統臨時議程或外賓來訪而取消。後者則是以葡萄牙共和國及總統為主題的常設展，主題有：共和國建國史、歷任總統肖像、他國元首贈送的禮品、國家榮譽勳章以及貝倫宮歷史等，除周一休館外都對外開放。

　　貝倫宮的歷史可回溯至 1559 年，貴族 D. Manuel 開始在此建造宮殿。1726 年，國王約翰五世（João V）將房產收購並進行全面改造，將其作為王室的避暑夏宮。1807 年，由於政局動盪、皇族被迫撤離，宮殿一度遭廢棄，至 1834 年王室班師回宮，才又作為舉行社交活動的場地及貴賓住所。1886 年，卡洛斯一世（Carlos I）與阿美莉結婚後，下令對宮殿進行翻修，以作為皇家居所，兩位王子也在這裡出生。時序邁入 1910 年 10 月，葡萄牙革命推翻君主制，貝倫宮就此轉變為總統的辦公場域及官邸。

貝倫宮對面的阿方索・德・阿爾布克爾克花園（Jardim Afonso de Albuquerque），為欣賞宮殿的最佳位置。廣場得名於素有「葡萄牙戰神」、「海上雄獅」的第二任葡屬印度總督——阿方索，他因於15世紀征服過果阿邦（位於印度西岸）和馬六甲，而被稱作「東方凱撒」。花園中央立有1902年落成的阿方索雕像（Estátua Afonso de Albuquerque），石柱為新曼努埃爾風格頂端為高4公尺的阿方索青銅塑像，底座是刻有4個他生平重要時刻的浮雕。

貝倫宮官邸導覽

👍 推薦指數：★★★★

- 📍 Praça Afonso de Albuquerque
- 🕐 每周六 10:30、11:30、14:30、15:30、16:30
- 💰 €5
- 🚋 電車 15E 至 Mosteiro Jerónimos 站往東 200 公尺
- ℹ️ 參觀時間為 1 至 1.5 小時，每團最多 30 人，僅 16:30 梯次為英語導覽，其餘均為葡萄牙語。
- 🌐 museudoscoches.gov.pt/pt/

共和國總統博物館

👍 推薦指數：★★★★½

- 📍 Praça Afonso de Albuquerque 1A
- 🕐 周二至周五 10:00～18:00；假日 10:00～13:00、14:00～18:00（周一休）
- 💰 €2.5
- 🚋 電車 15E 至 Mosteiro Jerónimos 站往東 200 公尺

熱羅尼莫斯修道院
Mosteiro dos Jerónimos

曼努埃爾式建築極致

起造於16世紀初的熱羅尼莫斯修道院，不僅為曼努埃爾式建築的巔峰之作，亦是葡萄牙最知名的修道院建築群。修道院與王室、地理大發現緊密相連，見證葡萄牙在大航海時代的輝煌，從而被內化為國家的重要象徵。1983年，修道院與鄰近的貝倫塔，一同獲聯合國教科文組織列為世界文化遺產，2007年入選「葡萄牙七大奇蹟」。

熱羅尼莫斯修道院的前身是為「航海家」恩里克王子於1450年建造的貝倫聖母教堂（Ermida de Santa Maria de Belém），探險者出發前都會在此祈禱，其中也包括1497年首次遠航的28歲探險家達伽馬，唯教堂已因年久失修而頹圮。爾後，國王曼努埃爾一世（Manuel I）將教堂遺址捐贈予熱羅尼莫斯騎士團（重視沉思沉默、祈禱懺悔的隱修團體），用以建造一座修道院。1502年修院在國王支持下動工，工程款來自對非洲和印度海上航路徵收的稅金，數額約為每年70公斤黃金。得到穩定的財務支持，修道院在建築師 Diogo de Boitaca 的主導下，採華麗且複雜的曼努埃爾式，建材則是里斯本當地生產的金色石灰岩（Pedra Lioz，視覺效果為白中含金）。1517年，工程由西班牙建築師 João de Castilho 接手，路線轉向西班牙銀匠式風格（Plateresco）。其後，修道院幾經停工與復工，陸續由擅長文藝復興、矯飾主義、古典主義等風格的建築師負責，最終於1580年完工。在雄厚資金與綿長工時的背景下，熱羅尼莫斯修道院既融合曼努埃爾式、哥德式晚期與文藝復興時期等多重元素，並將葡萄牙王室、天主教教義與自然主義相互融合，成就宏偉且獨一無二的建築形式。

修道院一直為熱羅尼莫騎士團管理，直到1833年起葡萄牙政府以世俗化的名義沒收教會財產，修院才被移交給里斯本公益機構 Casa Pia。期間，一些空間因閒置而破敗，部分藝術珍藏被轉移至王室、部分遺失。所幸，情況在1860年前後獲得改善，修道院展開漫長細膩的修復，躍居葡萄牙最具代表性的國家級古蹟。

熱羅尼莫斯修道院建築群包括：修道院主體與毗鄰的聖瑪利亞教堂（Igreja de Santa Maria de Belém）、西翼的國家考古博物館（Museu Nacional de Arqueología）與海軍博物館（Museu de Marinha）。其中，最主要的看點，莫過修道院精雕細琢的曼努埃爾南門，其由超過 200 位專業人士的團隊共同完成，被認為是 João de Castilho（修院啟用的第 2 建築師）最偉大的作品之一。南門高 32 公尺、寬 45 公尺，上方刻有 40 個人物，頂端是大天使米迦勒，中央為聖母與聖嬰，兩扇門中間則是歐洲地理大發現的開啟者──恩里克王子。修院內部有一座 55 公尺 ×55 公尺的巨大方形迴廊，廊柱、拱門與窗戶上雕有豐富的曼努埃爾風格與航海元素花紋，同時蘊含金絲細工的型態外觀。

　　位處東翼的聖瑪利亞教堂，被譽為令人驚嘆的「靜態傑作」與「中世紀晚期以最少支撐覆蓋最大跨度雄心的最完整實現」。堂內僅以 6 根細長八角立柱，撐起 25 公尺高的網狀拱頂，立柱採繁複的文藝復興裝飾，貌似沒有強大的支撐性，卻在 1755 年的大地震中毫髮無傷，堪稱神乎其技的建築工法。除建築令人驚嘆，教堂也是多位葡萄牙名人的長眠之地，包括：國王曼努埃爾一世、冒險家達伽馬與葡國傳奇詩人賈梅士、國寶級作家費爾南多‧佩索亞、前總統特奧菲洛‧布拉加等。如欲從高處俯瞰聖瑪利亞教堂全景，可從修道院迴廊二樓的穿堂，進入教堂二樓唱詩班的專用平台，就可擁有居高臨下的眺望視角。

熱羅尼莫斯修道院

👍 推薦指數：⭐⭐⭐⭐⭐

- 📍 Praça do Império
- 🕘 09:30～18:00（周一休）
- 💰 €12
- ⭐ 持里斯本卡免費（需至售票處換票）
- 🚋 電車 15E 至 Mosteiro Jerónimos 站

聖瑪利亞教堂

👍 推薦指數：⭐⭐⭐⭐⭐

- 📍 Praça do Império
- 🕘 10:30～17:00（周一休）
- 💰 免費
- 🚋 電車 15E 至 Mosteiro Jerónimos 站
- ℹ️ 彌撒時間為平日 09:30、19:00；周日 09:00、10:30、12:00、19:00

景 海軍博物館
Museu de Marinha

eeeeeeeee 海權國的輝煌一頁

　　位於熱羅尼莫斯修道院西翼的海軍博物館，是由葡萄牙海軍負責管理的海事博物機構，館內展示 15 世紀以來葡萄牙人使用的船隻模型，以及與海洋相關的地圖繪畫、航海儀器、照片文獻、各式武器等文物。博物館的建構與愛好海洋學的國王路易斯一世（Luís I，1838 ～ 1889）關係密切，他不僅投入大量財產資助海洋研究計畫，亦戮力收集與保護葡萄牙航海史料，並獲得豐碩成果。1863年，海軍博物館在路易斯一世的倡議下成立，最初坐落於海軍學院旁，因 1916 年展廳發生火災導致部分珍藏付之一炬。之後，鑑於藏品不斷增加，加上捐贈人希望作品能在「適當與尊嚴」的地點展出，遂於 1962 年將海軍博物館遷至現址。

　　博物館總面積超過 1.5 萬坪，常設面積近 5 千坪，收藏超過 2 萬件（實際展出約 6 千件），包括：為數眾多的手繪海圖、導航儀器、槳帆船模型、船員的武器與制服等。儘管名為海軍博物館，內容卻是廣泛意義上的「海洋」，即包含軍事、商業、漁業與休閒等多個層面，完整展示葡萄牙作為海權國家的輝煌歷史。

Part 4 分區「里」解──分區景點、購物與美食導覽

- 231 -

- 推薦指數：★★★★
- Praça do Império
- 5月至9月 10:00～18:00、10月至4月 10:00～17:00
- €8
- 持里斯本卡折扣 20%
- 電車 15E 至 Mosteiro Jerónimos 站往西 300 公尺
- ccm.marinha.pt/pt/museu

發現者紀念碑
Padrão dos Descobrimentos

地理大發現點將錄

　　發現者紀念碑位於太加斯河口北岸，旨在紀念 15、16 世紀由此出發探索印度與東方航線的地理大發現時代。紀念碑由建築師 Cottinelli Telmo 與雕刻家 Leopoldo de Almeida 設計，目的是向航海家——恩里克王子及他的夥伴與追隨者致敬，最初於 1940 年的葡萄牙世界博覽會面市，因使用易腐爛的材質製造，只得於 1958 年拆除。之後，經權傾一時的葡萄牙總理薩拉查（António de Oliveira Salazar）指示，以混凝土與金色石灰岩重建，並在恩里克王子逝世 500 周年的 1960 年落成。1985 年，紀念碑內部增建文化中心，1 樓是關於里斯本歷史的多媒體展覽，2 樓是觀光層。

　　發現者紀念碑為高 56 公尺、寬 20 公尺、長 46 公尺的輕快帆船船首（早期葡萄牙探險使用的船隻）形狀建物，中央為手持模型船的恩里克王子，兩側各有 16 個人物（共 33 人），均是地理大發現時代的重要角色，包括：國王、探險家、製圖師、藝術家、科學家與傳教士，如達伽馬、詩人賈梅士、首名環航地球一周的歐洲人麥哲倫、將天主教傳播至亞洲的傳教士沙勿略、葡萄牙戰神阿方索、恩里克王子之母蘭卡斯特皇后等。每個人物都朝向未知的前方，其形象、神態與表情，也投射他們在運動中的地位與價值。

里斯本探索旅圖

-232-

發現者紀念碑與巴西利亞大馬路（Av. Brasília）間的地面上，鋪有以米色、黑色與紅色石灰石組成，直徑達 50 公尺的馬賽克航海羅盤，羅盤中央標示葡萄牙探險家「首航路線與抵達年份」、寬 14 公尺的世界地圖。地圖羅列冒險家於地理大發現時期的航線路線，從鄰近葡萄牙的亞速爾群島、非洲西岸的維德角、非洲東岸島嶼馬達加斯加、印度洋上的錫蘭至南中國海的澳門、太平洋上的帛琉等，都因這群「發現者」而串聯一起。

- 推薦指數：★★★★☆
- Av. Brasília
- 3月至 9月 10:00～19:00、10月至 2月 10:00～18:00
- 展覽 + 觀景台 €10、展覽 €5
- 持里斯本卡折扣 20%
- 電車 15E 至 Mosteiro Jerónimos 站西南 600 公尺
- www.padraodosdescobrimentos.pt

景

貝倫塔 Torre de Belém

從防禦堡壘到世界遺產

　　1519 年落成的貝倫塔，正式名稱為聖文森塔（Torre de São Vicente），是紀念里斯本的主保聖人——聖文森的防禦工事，亦象徵葡萄牙航海及貿易帝國的鼎盛往昔。1983 年，與鄰近的熱羅尼莫斯修道院，共同獲聯合國教科文組織列為世界文化遺產，2007 年也一同入選「葡萄牙七大奇蹟」，被視為歐洲地理大發現的標誌性建築。回顧貝倫塔的修築史，源於國王「完美君主」約翰二世（João II）的發想，認為需在太加斯河入口修築堡壘，20 年後，繼承人曼努埃爾一世將此提議落實，於 1514 年下令建造。貝倫塔由葡萄牙建築師暨雕塑家 Francisco de Arruda 設計，為曼努埃爾式風格代表，造型融合中世紀傳統四邊形堡壘和放置火炮的現代堡壘，坐落於原本停泊炮艦的離岸岩石上。

里斯本探索旅圖

貝倫塔由一座堡壘與高 30 公尺、寬 12 公尺的五層塔樓組成，建材為里斯本產的金色石灰岩。裝飾運用東方和伊斯蘭藝術元素的同時，融入顯示國王聲威與海權強國的物件，諸如：葡萄牙國徽、渾天儀、騎士團十字架、石繩等。貝倫塔也可見探險家在東方的見聞，最知名的例證，就是位於崗哨亭底座下的非洲犀牛雕塑。犀牛造型源自於葡屬印度第二任總督阿方索・德・阿爾布克爾克（Afonso de Albuquerque）向國王致贈的禮物——印度犀牛，藉此彰顯葡萄牙探索全球的成就。貝倫塔被視為里斯本的重要防禦堡壘，卻在 1580 年與西班牙軍隊的戰鬥中失利，之後軍事地位便快速下滑。隨著戰爭型態的改變，貝倫塔陸續轉作軍營、海關登記處、電報局及燈塔，地下室倉庫也改為關押貴族死刑犯的監獄。

　　內部結構方面，走過木棧道與吊橋即進入堡壘，多邊形中殿設置開設 16 個火炮射擊孔，中央的哥德式矩形天窗是通風口，地板下為儲藏室。循樓梯向上，即是通往設置 6 座崗哨亭的平台，面向大海的南側有座暱稱「葡萄牙處女」（Virgem das Uvas）的聖母聖嬰像（Nossa Senhora do Bom Sucesso），為祝福海員出入安全的守護神。由堡壘平台循以燈號控制的細窄樓梯往前就可進入塔樓，內部設置由 1 至 5 層，分別為總督室、國王房與橢圓天花板和爐灶、聽證室、禮拜堂與塔樓露臺。總督室內有一座儲存雨水的蓄水池，井口留有拉動水桶繩索留下的深刻鑿痕；關於國王房的來源，據說是歷任國王喜愛來此觀看船隻航行，外圍走廊的地面上挖有 8 個洞（現已覆蓋），用於向潛入者倒熱液體與擲石頭的機關，幸而貝倫塔從未被真正入侵過。禮拜堂採用拱形肋骨天花板，裝飾帶有濃厚的曼努埃爾式元素。露臺寬敞無遮蔽，可環視熱羅尼莫斯修道院、發現者紀念碑、4 月 25 日大橋等周邊景點。

推薦指數：★★★★★

- Av. Brasília
- 09:30 ～ 18:00（周一休）
- €8
- 持里斯本卡免費
- 電車 15E 至 Lg. Princesa 站往南 450 公尺

食 貝倫烘焙坊 Pastéis de Belém

葡 式 蛋 塔 祖 師 爺

　　貝倫烘焙坊不僅是葡式蛋塔的濫觴，亦是里斯本的必訪觀光景點，專程前來的饕客絡繹不絕，造就以單一品項風靡全球的傲人奇蹟。貝倫烘焙坊的創始人 Domingos Rafael Alves 於 1837 年向熱羅尼莫斯修道院修女購入蛋塔配方，就將此視為公司的最高機密，時至今日仍只有家族經營者與極少數老師傅知悉。貝倫烘焙坊位在一幢 3 層獨棟建物，內外均以磁磚畫裝飾，展示舊時收銀機、瓷器、家具等文物，整體屬復古典雅風格，食客亦可透過玻璃櫥窗欣賞製作過程。蛋塔口味方面，為絕大多數遊客公認的全城最佳，塔皮層次分明、香酥脆口，咀嚼時卡滋作響；塔芯質地類似卡士達醬，蘊含純粹的奶油香氣。

　　烘焙坊日日門庭若市，為提高消化人流效率，入口分為兩個通道：面對店鋪左側為內用、右側為外帶。如時間允許，建議選擇店內品嚐，一是葡式蛋塔熱食最好，二是座位區寬敞美觀，座位數達 400 個，路線彎來轉去宛若迷宮，即便等候也不會太久。自行由內用區排隊入座後，可先掃 QR Code 觀賞菜單（店內提供免費 Wi-Fi），再向動作俐落的店員點餐。

👍 貝倫烘焙坊：

- 📍 R. de Belém 84 92
- ⏰ 08:00 ～ 22:00
- 🚋 電車 15E、公車 729 至 Mosteiro dos Jerónimos 站；Belém 火車站西北 650 公尺
- 💰 €5（葡式蛋塔 €1.3、蝴蝶酥 €1.3、蛋糕 €1.55 起）
- 🎯 熱羅尼莫斯修道院、海軍博物館、貝倫宮、發現者紀念碑、貝倫塔
- 🌐 pasteisdebelem.pt

粉色麥當勞 McDonald's Belém

全球唯一、打卡熱點

位於貝倫烘焙坊對面的連鎖速食餐廳——麥當勞，店內販售相同的漢堡、薯條等快餐，門面卻是全球罕有的粉嫩風格。麥當勞坐落於一幢普通住宅內，門口的黃色 M 字樣與廣告海報，才揭示它全球知名的身份，粉紅色牆面與白色門框的夢幻感，吸引各國遊客來此留影。附帶一提，不只有粉色麥當勞，不遠處還有一間粉色漢堡王，看來唯有貝倫能讓兩間以漢堡為賣點的死對頭，披上相同的粉嫩外衣。

粉色麥當勞：

- Tv. da Praça 2-14
- 08:00～00:00
- 電車 15E、公車 729 至 Mosteiro dos Jerónimos 站；Belém 火車站西北 600 公尺
- €5～€10
- 熱羅尼莫斯修道院、海軍博物館、貝倫宮、發現者紀念碑、貝倫塔

食 巴黎人餐館 Comptoir Parisien

葡法混血的飲食饗宴

融合法式小酒館與葡萄牙傳統料理的巴黎人餐館，以講究擺盤、傳統與創意兼具的美味佳餚，以及優異的待客之道，累積大量佳評。餐館對食材來源與烹調過程皆十分用心，雖然選項不多，但道道都具水準，鮮魚湯、洋蔥湯、烤鱸魚、炸鱈魚球、章魚燉飯、焗烤馬介休、韃靼鱸魚佐沙拉薯條等都值得嘗試。店主夫婦與服務生態度親切好客，可依據自身喜好請對方推薦菜式，餐廳也備有中文菜單，體現位處觀光區的善意與體貼。

👍 巴黎人餐館：

- 📍 R. Vieira Portuense 44
- 🕐 周四至周六 11:00～16:00、18:30～22:00；周二、周三與周日 11:00～17:00（周一休）
- 🚋 電車 15E 至 Mosteiro Jerónimos 站東南 200 公尺
- 💰 €15～€25（韃靼鱸魚佐沙拉薯條 €18.5、沙拉 €15.5 起、魚湯 €9）
- 🏛 熱羅尼莫斯修道院、海軍博物館、貝倫宮、國家馬車博物館
- 🌐 www.comptoir-parisien-lisboa.com

里斯本探索旅圖

-238-

{ 阿爾馬達 Almada }

　　阿爾馬達市與里斯本隔河而望，主要港口為 Cacilhas，渡輪黃線每日穿行於太加斯河兩岸，亦有 4 月 25 日大橋連結兩岸陸路交通。市內人口稠密、商業發達，靠近 Cacilhas 碼頭為觀光區，餐廳、商鋪相當密集；乘輕軌電車或步行循主線道入市區，則有多間大型超市，可體驗一般居民的日常氛圍。里斯本大耶穌像與河濱花園為此區最知名的景點，前者每逢假日人潮洶湧，後者則是欣賞夕陽美景的首選。

阿爾馬達 Almada

- Cacilhas站
- 太陽貝拉拉餐館
- 費南多二世與葛羅麗亞號護衛艦
- 河濱花園＋街頭藝術步道
- 終點餐廳
- 全景電梯
- 里斯本大耶穌像
- 4月25日大橋
- 支柱7-橋梁體驗
- 藝術、建築和科技博物館 (MAAT)
- 大加斯河

里斯本探索旅圖

景 4月25日大橋 Ponte 25 de Abril

美國製造的跨河大橋

　　連結里斯本市區（北岸）與阿爾馬達市（南岸）的4月25日大橋，於1966年啟用，為一座橫跨太加斯河的懸索橋。橋體設置於河道最狹窄處，總長2,278公尺，上層有6條公路車道（無人行道）、下層為兩條電氣化鐵路線。興建大橋的需求可追溯至19世紀中葉，當地民眾苦於船隻聯繫的限制，提出橫越太加斯河橋梁建設的訴求。期間，雖陸續有計畫提出，卻皆因預算、施作方式與地形限制等問題延宕。至1950年代，終於在政府的支持下付諸實施，經國際公開招標，由美國鋼鐵公司為首的集團承攬，施工部分為美國橋梁公司負責，它也是美國海灣大橋的營造商。值得一提的是，4月25日大橋的外觀乍看與舊金山金門大橋相仿，但塔架的鋼筋加固方式卻非如金門大橋的平行，而是對角交叉。反觀位於蘇格蘭中部的福斯公路橋（Forth Road Bridge），因構造相似又是同時期落成，而與4月25日大橋被稱作「姐妹橋」。

4月25日大橋於1962年動工，歷時4年完成，所使用的鋼材全數自美國進口，總造價達22億葡萄牙埃斯庫多（即3,200萬美元，約等同今日2.27億美元）。橋梁最初命名為薩拉查橋，以紀念下令建造的葡萄牙獨裁政府總理薩拉查。1974年康乃馨革命推翻政權後，更名4月25日大橋（即革命日期），通常也被稱作太加斯河大橋（Ponte sobre o Tejo）。基於高昂的建築與維護成本，自通車以來，大橋就有索取通行費，目前僅對南往北方向（即入里斯本市區）的車輛收取 €2 起的費用。除自駕或乘巴士、火車行經4月25日大橋，遊客也可於里斯本端的「支柱7-橋梁體驗」（Experiência Pilar 7），搭乘付費電梯至頂層，近距離欣賞橋梁內部結構與居高臨下的壯麗景色。由支柱7登橋，「基本上」可搭乘直達電梯，唯筆者造訪當日恰逢電梯維修（購票時會告知），就得認命爬26層樓（65.72公尺）至頂，可謂出乎意料的登高考驗。

4月25日大橋

推薦指數：★★★★

- 里斯本市南岸與阿爾馬達市北岸
- www.lusoponte.pt

支柱7-橋梁體驗

推薦指數：★★★★

- Av. da Índia 52
- 10:00～17:00
- €3
- 持里斯本卡免費
- 電車15E至Estação De Santo Amaro站東南550公尺

景

里斯本大耶穌像
Santuário de Cristo Rei

來自里約的啟發、免於戰爭的還願

位於阿爾馬達市的里斯本大耶穌像，於 1959 年落成，形象是耶穌基督向里斯本市展開雙臂，以表達葡萄牙人對和平的感激之情。大耶穌像為世界上第 7 高的耶穌雕像與葡萄牙最高的建築之一。這裡也與葡萄牙法蒂瑪（Fátima）、西班牙聖地牙哥 - 德孔波斯特拉（Santiago de Compostela），並稱伊比利半島三大聖地。

大耶穌像的構想最早源自 1934 年，當時里斯本大主教 Manuel Gonçalves Cerejeira 訪問巴西里約熱內盧，受到當地的救世基督像（Cristo Redentor，1931 建成）所啟發，興起在里斯本也建造一座的念頭，他的倡議很快獲得葡萄牙所有主教的支持。1940 年，主教們在法蒂瑪舉行的會議上起誓，如上帝使葡萄牙免於參與第二次世界大戰，就會豎立一座紀念碑，從而開始以此為目標進行全國籌款活動。事實上，葡國因總理薩拉查堅決保持中立而「倖免於戰」，大耶穌像也在戰後的 1949 年開始建造，以履行先前的諾言。

Part 4 分區「里」解——分區景點、購物與美食導覽

- 243 -

里斯本大耶穌像坐落在海拔 133 公尺的高地，耶穌像雕塑與門型基座分別高 28 及 75 公尺，前者由葡萄牙雕塑家 Francisco Franco de Sousa 製作，後者為建築師 António Lino 設計。遊客可購票乘電梯至耶穌腳下、高 82 公尺的觀景台，近距離仰望巨大雕像之餘，還能從此俯瞰太加斯河、4 月 25 日大橋與里斯本全景。園區內設置教堂、圖書館、餐廳、紀念品店、展覽廳、裝飾藝術、停車場等設施，為兼具宗教及觀光性質的宏偉景點。

推薦指數：★★★★☆

- Av. do Cristo Rei
- 10:00～18:00
- €8（只收現金）
- 自地鐵綠 Cais do Sodré 站旁的同名碼頭，搭渡輪黃線、船程 10 分鐘至阿爾馬達市的 Cacilhas 碼頭，步行 1 分至同名路面電車站，乘電車 1、3 號至 Almada 站，往西北步行 1 公里上坡路即達。自 Cacilhas 碼頭搭計程車或 Tuk Tuk，車程 10～15 分，車資約 €7。
- cristorei.pt

景 河濱花園 + 街頭藝術步道
Jardim do Rio

eeeeeeeee 里 斯 本 的 世 外 桃 源

位於阿爾馬達市北側、毗鄰太加斯河的河濱花園，為結合天然景緻與街頭藝術的複合式休憩區。自 Cacilhas 渡輪碼頭出發，沿著金賈爾路（Rua do Ginjal）前行，就會陸續行經數個別具特色的塗鴉牆與酒吧，道路與河濱花園的交界處，即有一座免費搭乘的全景電梯（Elevador Panorâmico da Boca do Vento），可往返於高台與河岸間。繼續前行，可見國王約翰五世（João V）於 1736 年下令建造的琵琶噴泉（Fonte da Pipa）。這座擁有 4 個噴口的水利建設，不只為 18、19 世紀的阿爾馬達地區供應乾淨的水源，也是過往船隻重要的水補給點。臨河無遮蔽的優勢，使這裡成為欣賞夕陽的絕佳場域，當地也有數間以優質海鮮為賣點的餐廳，讓遊客得以邊賞美景、邊啖美食。

河濱花園

👍 推薦指數：★★★★

📍 Jardim do Rio

🚇 自地鐵綠 Cais do Sodré 站旁的同名碼頭，搭渡輪黃線、船程 10 分鐘至阿爾馬達市的 Cacilhas 碼頭，沿河堤往西即可。

全景電梯

👍 推薦指數：★★★★

📍 Lgo da Boca do Vento

🕐 10:00～21:00（午間休息半小時）

景
費南多二世與葛羅麗亞號護衛艦
Frigate Dom Fernando II e Glória

lllllllll 曾 經 輝 煌

　　1843 年下水、1845 年首航的費南多二世與葛羅麗亞號，名稱是向葡萄牙女王瑪麗亞二世（Maria II）與他的夫婿費爾南多二世（Fernando II）致敬。護衛艦由葡屬印度達曼皇家海軍造船廠建造，屬擁有 50 門火炮的木製船體，是葛萄牙建造的最後一艘帆船戰艦。船艦設備齊全，擁有寬敞的住宿環境，能夠在沒有停靠港的情況下持續航行超過 3 個月。1845 至 1865 年間，費南多二世與葛羅麗亞號進行多趟運送與軍事任務，之後轉為炮兵學校訓練艦。1878 年，赴亞速爾群島完成最後一次海上訓練任務，退役後駐紮於太加斯河。服役 33 年間，船艦航行超過 10 萬英里，總距離約等同環球 5 次。

此後，費南多二世與葛羅麗亞號進行數度整修，1998年里斯本世界博覽會期間，以海軍博物館的附屬博物館艦參展並留在里斯本。2008年起，船艦一直停泊於阿爾馬達市 Cacilhas 的太加斯河南緣，開放大眾參觀，藉由詳盡的全方位介紹，向民眾科普葡萄牙海軍史。除象徵舊海權時代的護衛艦，館方於2024年新增一艘「梭子魚號潛水艇」（submarino barracuda）供遊客入內體驗。潛水艇自1968年起投入服役，經過42年豐富廣泛的各類任務，於2010年退役。經整修後，再以活的博物館形式回歸大眾視野，繼續傳揚並豐富葡萄牙的海軍文化。

推薦指數：★★★☆

- Lgo Alfredo Dinis
- 10:00～17:00（周一休）
- €6
- 自地鐵綠 Cais do Sodré 站旁的同名碼頭，搭渡輪黃線、船程10分鐘至阿爾馬達市的 Cacilhas 碼頭，往東南步行350公尺。
- ccm.marinha.pt/pt/dfernando

太陽貝拉餐館 Solar Beirão

港邊的海鮮趴

位於 Cacilhas 碼頭旁商店街的太陽貝拉餐館，以豪快澎湃的海鮮料理聞名。店家擁有專屬的供貨管道，擅長以燒烤、乾煎、油封、滷煮與裹粉酥炸等手法，烹煮蝦、蟹、墨魚、蛤蜊、馬介休等食材。除供應當地常見的海鮮燉飯、蒜味蝦、烤魚等菜式，餐館還有一道視覺效果拉滿的「特色海鮮」（Mariscada Especial），餐點以人頭計價（最少兩位 €38 起），為包含蛤蜊、白熟蝦、炸蝦、烤虎蝦、龍蝦、淡菜、螃蟹、貽貝等當日海味混搭的繽紛拼盤。品嚐美味菜餚的同時，也有供應葡萄牙啤酒廠生產的葡式啤酒，可謂高 CP 值的道地葡國饗宴。

👍 太陽貝拉餐館：

- R. Cândido dos Reis 17
- 12:00 ～ 23:00（周一休）
- 自地鐵綠 Cais do Sodré 站旁的同名碼頭，搭渡輪黃線、船程 10 分鐘至阿爾馬達市的 Cacilhas 碼頭。出站後，往西南 200 公尺。
- €20 ～ €30（海鮮拼盤 2 位 €38、蒜味蝦 €14.5、海鮮燉飯 2 位 €39.95）
- Cacilhas 碼頭、費南多二世與葛羅麗亞護衛艦
- solarbeirao.pai.pt

里斯本探索旅圖

終點餐館 Ponto Final

擁有絕美夕陽的排隊名店

　　坐落河畔、毗鄰全景電梯底層的終點餐館，以夕陽景致與美味餐點闖出名號，不只是當地人的口袋名單，亦為觀光客必訪的 IG 打卡熱點。店內供應烤魚、海鮮燉飯及炒蝦、涼拌章魚等葡式料理，食物具水準，輔以優越的視覺享受，自然座無虛席。餐館規模不小、座椅綿延河堤數公尺，仍不敵滔滔不絕的饕客，假日傍晚時段等候 1、2 小時實屬常態，如欲在夕陽西下時光顧，最好先透過 E-mail 預訂戶外座位。餐館位於至少需步行 15 分鐘才可抵達的祕境，若未搭乘全景電梯至河岸邊，就得走一段崎嶇狹窄的樓梯，欲光顧者最好保留 15 分鐘的彈性時間，以免錯過訂位時段。

終點餐館：

- R. do Ginjal 72
- 12:30～16:00、19:00～23:00（周二休）
- 自地鐵綠 Cais do Sodré 站旁的同名碼頭，搭渡輪黃線、船程 8 分鐘至阿爾馬達市的 Cacilhas 碼頭，沿河堤往西步行 950 公尺（約 15 分）。
- €15～€25（烤沙丁魚 €14.5、紅肉料理 €16.8 起、魚湯 €12.8）
- 河濱花園
- www.facebook.com/pontofinalalmada
- pontofinalrest@gmail.com

萬國公園 Parque das Nações
市區東郊

　　萬國公園為 1998 年里斯本萬國博覽會的舉辦地點，是里斯本集都市規劃、當代建築與居住休憩於一體的新興區域。當地的建設與景點常與博覽會息息相關，諸如：里斯本海洋水族館、里斯本纜車與同年完工的瓦斯科・達伽馬大橋、高 145 公尺的瓦斯科・達伽馬塔（Torre Vasco da Gama）等，是以寬敞空間與摩登建築為特色的新開發區。位於萬國公園東側約 2 公里的周日市集，是僅於星期天營業的露天農貿、小吃、雜貨等庶民綜合市場，佔地廣闊、人聲鼎沸，蘊含無觀光氣息的在地氛圍。飲食方面，除萬國公園大型購物中心──華士古達嘉馬商場（Centro Comercial Vasco da Gama），這裡也有包含壽司、鐵板燒吃到飽的中餐館甚或小龍坎火鍋，懷念家鄉味的朋友可一償宿願。

萬國公園 Parque das Nações 與市區東郊

- 瓦斯科‧達伽馬大橋
- 大加斯河
- 里斯本纜車
- 里斯本海洋水族館
- 萬國公園
- Moscavide
- 華士古達嘉馬商場
- 東方車站
- Cabo Ruivo
- Olivais
- Aeroporto
- 里斯本機場
- 周日市集

Part 4 分區「里」解——分區景點、購物與美食導覽

- 251 -

景

里斯本海洋水族館
Oceanário de Lisboa

海 底 世 界

　　1998 年落成的海洋水族館，為同年舉行的里斯本世界博覽會「海洋，未來的遺產」主題展區，主場館外觀貌似一艘航空母艦，建於人工潟湖的碼頭上，由專注水族館建築和展覽的美國建築師 Peter Chermayeff 發想與設計。博覽會結束後，海洋水族館進行擴建與強化，形成一座結合觀光、海洋學研究與自然保護的公共機構。目前全館總面積超過 6 千坪（相當 3 座足球場），收藏超過 450 種海洋生物，約 1.6 萬隻個體。館內最大看點為容量超過 5,000 公噸（沖繩美麗水族館的世界第二大水槽為 7,500 公噸）的中央水族箱，展示鯊魚、鯛魚、海鰻、大型翻車魚及小型熱帶魚在內的百餘種生物，體現全球海洋的豐富生態。園區盡可能重現太平洋、印度洋、大西洋、南極洲等不同水域的環境，訪客可在此近距離觀賞企鵝、水獺、兩棲類、水鳥等動物。需注意的是，參觀時禁止使用自拍棒與開啟閃光燈，禁止飲食與攜帶食物，也不允許觸碰動植物。

　　海洋水族館的吉祥物為 Vasco，設定為生於亞特蘭提斯、環抱好奇心的小男孩、偉大的海洋捍衛者。他的名稱來自葡萄牙著名航海探險家瓦斯科・達伽馬（Vasco da Gama），也蘊含「Vamos Ajudar a Salvar e Conservar os Oceanos」（讓我們幫助拯救和保護海洋）標語的縮寫。

里斯本探索旅圖

- 252 -

- 推薦指數：★★★★
- 📍 Esplanada Dom Carlos I s/nº
- 🕐 10:00～19:00
- 💰 €25，含里斯本纜車聯票 €31
- 🚇 地鐵紅 Oriente 站東南 950 公尺；公車 705、725、728、744、708、750、759、782、794 至 Estação do Oriente 站
- 🌐 www.oceanario.pt

景 里斯本纜車 Telecabine Lisboa

博覽會的贈禮

里斯本纜車是為 1998 年舉行的里斯本世界博覽會所興建，共有 40 座車廂、每個車廂最多可容納 8 位。纜車設有南、北兩站，南站位於里斯本海洋水族館旁，北站則毗鄰達·伽馬塔（Torre Vasco da Gama），全程 1,230 公尺，單趟運行時間為 8 至 12 分鐘，乘客可於 30 公尺的高空眺望太加斯河周邊景致。

- 推薦指數：★★★★
- 📍 北站 Estação Norte, Passeio das Tágides
  南站 Portugal, Passeio Neptuno
- 🕐 11:00～19:00（夏季延長至 20:00、冬季縮短至 18:00）
- 💰 單程 €7.5、往返 €9.5；含里斯本海洋水族館聯票 €31
- 🌐 www.telecabinelisboa.pt

▲ 北站

▲ 南站

- 253 -

景

瓦斯科・達伽馬大橋
Ponte Vasco da Gama

歐盟最長橋

　　瓦斯科・達伽馬大橋是里斯本繼4月25日大橋後，第二座橫越太加斯河的橋梁，目的在緩解兩岸越發繁忙的交通需求。大橋始建於1995年，並趕在1998年里斯本萬國博覽會開幕前完工，因適逢葡萄牙探險家達伽馬抵達印度500周年（1498），遂以達伽馬為橋梁命名。瓦斯科・達伽馬大橋耗資8.97億歐元，採斜張橋型設計，全長12.3公里，為葡萄牙乃至歐盟最長橋（歐洲部分僅次於克里米亞大橋）。

　　為因應長距離的跨河挑戰，大橋在抗風和抗震力度都予以強化，預估可承受每小時250公里的風速（每小時184公里以上即為強烈颱風），抵禦芮氏規模8.7的地震（強度為1755年里斯本大地震的4倍）。橋面共6車道，速限120公里每小時，遇強風等氣候不佳時降至90公里每小時。通行費方面，目前僅就南向北（即入里斯本市區）車輛收取€2.35起。

> 👍 推薦指數：★★★★
>
> 📍 里斯本市薩卡文（Sacavém）與阿爾科謝蒂（Alcochete）

-254-

購 周日市集 Feira do Relógio

正港跳蚤市場

相較周二、周六於阿爾法瑪舊城區的里斯本跳蚤市場，以觀光客為主要銷售對象，每周日在市區東北側舉行的周日市集，則為當地人購買新鮮蔬果、種子植物、服飾鞋襪、飾品家具、五金工具等與小打牙祭的首選。市集以聖警大道（Avenida de Santo Condestável）兩側為主軸，帳篷攤位綿延超過 2 公里，其中又以天橋至加油站間最為密集。商品種類多元、售價低廉，自產自銷的農產品、自製麵包和熟食小吃最受歡迎，馬介休、自製香腸等更只有超市的 5 折以下，唯需留意部分店家僅收現金。

周日市集人流密集、熙攘喧囂，少數心存不良的扒手會在此物色肥羊，當地有一種幽默的説法：「任何被偷的東西很快會出現在攤位上，逛完市集就能夠買回來！」乘線上出租車 Bolt 為前往周日市集最便利的辦法，從市區出發僅需 €5、€6，比搭公共運輸系統還便宜便捷。

👍 周日市集：
- 📍 Av. Santo Condestável
- 🕐 周日 08:00～13:00
- 🚇 地鐵紅 Bela Vista 站往北 500 公尺

Part 4 分區「里」解──分區景點、購物與美食導覽

- 255 -

Part 5

暢遊「斯」路——7條主題規劃路線

里斯本景點多不勝數,以下是筆者發想的 7 款觀光主題,訪客可根據個人興趣喜好,設計專屬自己的探訪行程。規劃時,先將欲前往的景點、餐廳儲存至 Google Maps 清單,再由此擬訂順行路線,即保萬無一失。

Rossio

01 經典景點 48 小時

兩日收藏所有打卡點

DAY1 阿爾法瑪舊城＋龐巴爾下城＋希亞多＋上城

里斯本探索旅圖

-258-

請先步行或乘 28E 電車至「Miradouro Sta. Luzia」站展開行程

1. 聖地牙哥堂、聖露西亞觀景台、太陽門觀景台
   ↓步行 250 公尺
2. 阿爾法瑪甜點店（早餐）
   ↓步行 500 公尺
3. 聖喬治城堡
   ↓步行 500 公尺
   ↓乘城堡電梯
4. 里斯本聖安東尼堂、里斯本主教座堂
   ↓步行 250 公尺
5. 里斯本罐頭工坊
   ↓步行 200 公尺
6. 馬蒂尼奧餐館（午餐）
7. 商業廣場
8. 奧古斯塔商業街
9. 聖胡斯塔電梯
10. 卡爾莫考古博物館
    ↓步行 250 公尺
11. 巴西人咖啡館（午茶）
12. 貝特朗書店
13. 賈梅士前地
14. 曼蒂蛋塔（點心）
    ↓比卡升降機＋步行 350 公尺
15. 里斯本河濱市場＋Time Out 美食市場（晚餐）
    ↓步行 300 公尺
16. 粉紅街區
    ↓步行 650 公尺
7. 商業廣場

DAY2 市區西郊＋貝倫＋阿爾馬達

請先乘 28E 電車至「Estrela (Basílica)」展開行程

1. 埃什特雷拉聖殿
   ↓乘公車 774 至「R. Garcia Orta」站
   ↓步行 450 公尺
2. 國立古代美術館
   ↓步行 250 公尺
3. 里斯本蒂芬咖啡館（早餐）
   ↓步行 500 公尺至「Cais Rocha (Museu Nac. Arte Antiga)」站
   ↓轉乘 15E 至「Lg. Princes」
4. 貝倫塔
   ↓步行 900 公尺
5. 發現者紀念碑
   ↓步行 700 公尺
6. 巴黎人餐館（午餐）
7. 貝倫烘焙坊（點心）
8. 熱羅尼莫斯修道院
   ↓乘 15E 至「Calvário」站
9. LX 文創工廠、慢慢讀
   ↓搭 15E 至「Cais Sodré」站
   ↓轉乘渡輪黃線至阿爾馬達「Cacilhas」
10. 河濱花園＋街頭藝術步道
    ↓乘計程車約 8 分鐘
11. 里斯本大耶穌像
    ↓乘計程車約 8 分鐘
12. 終點餐廳（晚餐）

Part 5 暢遊「斯」路──7 條主題規劃路線

02 葡式好食不漏勾

llllllllee 大宴小酌一間不漏

里斯本探索旅圖

-262-

阿爾法瑪舊城區中心出發，用一整天細細品味里斯本美食

1　聖米迦勒之家（葡式蛋塔、杏仁糕、櫻桃酒）
2　漫遊阿爾法瑪舊城
3　阿爾法瑪甜點店（葡萄牙傳統甜點、咖啡）
4　商業廣場、奧古斯塔商業街
5　里斯本海鮮屋（葡式海鮮燉飯）
6　賈梅士前地周邊
7　巴西人咖啡館（1905年開業）
8　Time Out 美食市場
　　↓ 乘 15E 至貝倫
9　貝倫烘焙坊（葡式蛋塔發源地）
10　漫遊貝倫
　　↓ 乘 15E 返市區
11　無花果廣場
12　豬扒包之家（豬扒包）
13　馬查多酒莊（45分鐘法朵體驗）
　　↓ 步行 600 公尺
14　粉紅街區
15　釣陽光酒吧（海鮮罐頭變珍饌）

Part 5　暢遊「斯」路──7條主題規劃路線

-263-

03 里斯本卡玩到飽

lllllllllll 最多省下兩千台幣

里斯本探索旅圖

-264-

持里斯本卡免費搭乘 28E 電車至「Igreja Sta. Maria Madalena」站後，步行 200 公尺，連續乘下城電梯、城堡電梯，再往聖喬治城堡方向步行 300 公尺，即到達第一個景點

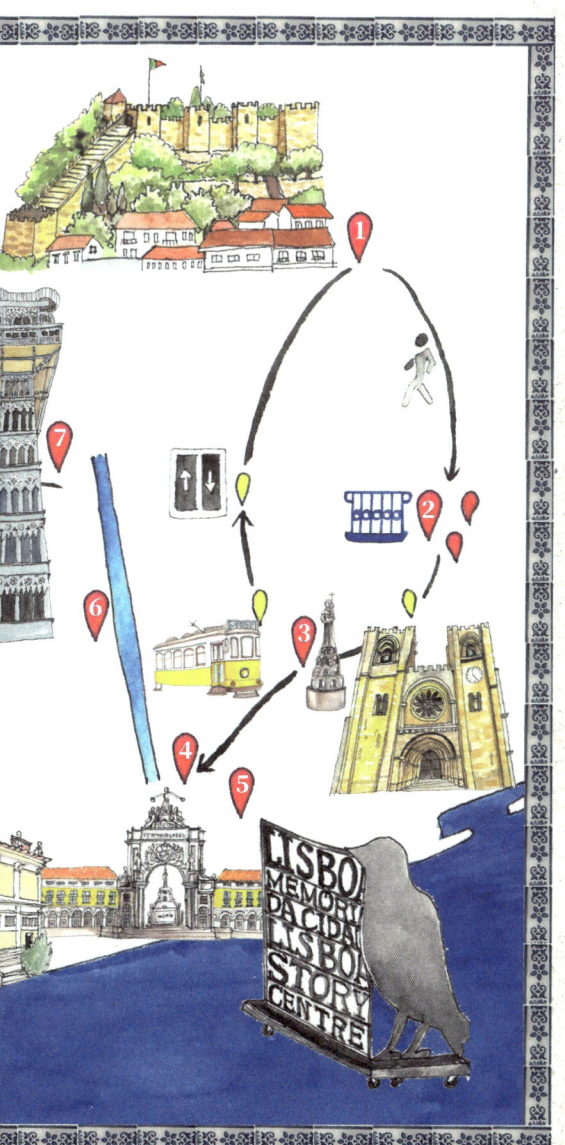

1. 聖喬治城堡（票價 €15，持里斯本卡免費）
   ↓ 步行 250 公尺
2. 聖地牙哥堂、太陽門觀景台、聖露西亞觀景台
   ↓ 乘 28E 電車至「Sé」站
3. 里斯本聖安東尼堂、里斯本主教座堂
   ↓ 步行 500 公尺
4. 商業廣場、凱旋門（票價 €3.5，持里斯本卡免費）
5. 里斯本故事館（票價 €7.5，持里斯本卡免費）
6. 奧古斯塔商業街
7. 聖胡斯塔電梯（往返車票 €6，持里斯本卡免費）
8. 卡爾莫考古博物館（票價 €7，持里斯本卡折扣 20% €5）
   ↓ 聖胡斯塔電梯（返回地面層）
   ↓ 步行 500 公尺
9. 賈梅士前地（周邊書店與咖啡廳）
   ↓ 比卡升降機（往返車票 €4.1，持里斯本卡免費）
   ↓ 轉乘巴士 201 至
     「Cais Rocha (Museu Nac. Arte Antiga)」站
10. 國立古代美術館（票價 €10，持里斯本卡免費）
    ↓ 乘巴士 203 至「Lg. Ajuda (Palácio)」站
11. 阿茹達宮（票價 €8，持里斯本卡免費）
    ↓ 乘巴士 729 至「Lg. Princesa」站
12. 貝倫塔（票價 €8，持里斯本卡免費）
    ↓ 步行 900 公尺
13. 發現者紀念碑（票價 €10，持里斯本卡折扣 20% €8）
    ↓ 乘電車 15E 至
     「R. Junqueira (Centro Congressos)」站
14. 支柱 7- 橋梁體驗（票價 €5.5，持里斯本卡免費）

省下兩千台幣這樣算！

聖喬治城堡	€15
凱旋門	€3.5
里斯本故事館	€7.5
聖胡斯塔電梯	€6
卡爾莫考古博物館（折扣）	€2
比卡升降機	€4.1
國立古代美術館	€10
阿茹達宮	€8
貝倫塔	€8
發現者紀念碑（折扣）	€2
支柱7-橋梁體驗	€5.5
電車	€3.1（單趟）×3（趟）= €9.3
巴士	€2.1（單趟）×3（趟）= €6.3
	花費合計　€87.2
購買里斯本卡（一人使用）	－€27
	合計　€60.2（約2000新台幣）

04 小吃吃出好葡味

葡國風味逐一下肚

> 從賈梅士前地出發，以步行方式遍嘗風靡首都的B級美食

里斯本探索旅圖

1 賈梅士前地
2 幸運草小館（豬扒包）
3 曼蒂蛋塔（葡式蛋塔連鎖名店）
4 巴西人咖啡館（1905年開業的老牌咖啡館）
↓步行 600 公尺
5 無花果廣場
6 櫻桃酒吧（品嘗在地櫻桃酒）
7 席爾瓦熟食店（葡萄牙歷史最悠久的熟食鋪）
8 國家糕餅坊（傳統葡式甜點）
↓步行 650 公尺
9 商業廣場
10 里斯本罐頭工坊（繽紛多樣的葡人最愛海鮮罐頭）
11 馬蒂尼奧餐館（蘋果蛋白霜）
12 葡萄牙品酒館（葡萄牙名酒薈萃）
↓步行 700 公尺
13 Time Out 美食市場（各式傳統與創新的葡國菜）

05 老花磚與新文創

繽紛多元藝術饗宴

用一日沉浸古今新舊並陳的里斯本藝術氛圍,無論是否偏好文青這一口,都能在大飽眼福的同時,滿足遊客的購物慾

1. 法朵塗鴉觀景點（塗鴉文化）
2. 里斯本最老屋
3. 聖露西亞觀景台（傳統花磚畫）
4. 手繪磁磚畫專門店（花磚紀念品）
5. 聖塔阿波羅車站（古蹟級車站）
   ↓乘巴士 210 至
   「Igreja Madre Deus (Museu Azulejo)」站
6. 國家磁磚博物館（花磚的前世今生）
   ↓乘巴士 210 至「Corpo Santo」站
7. 粉紅街區（摩登新潮聚集地）
   ↓乘巴士 201 至「Calvário」站
8. LX 文創工廠、慢慢讀（文青風）
   ↓乘巴士 201 至「Altinho (MAAT)」站
9. 藝術、建築和科技博物館
   MAAT（歐洲最抒情的博物館、新穎藝術空間）

里斯本探索旅圖

06 微冷門驚豔一日

實力滿滿的潛力股

觀光客都往熱點衝,其實有時「冷點」更耐人尋味,乘最熱門的 28E 電車至最後一站「Estrela (Basílica)」,展開一場鮮為人知的驚嘆之旅

1. 埃什特雷拉聖殿
2. 佩索亞之家
   ↓乘巴士 203 至「Cruz Almas」站
3. 阿瓜里弗渡槽
   ↓乘巴士 203 至「Lg. Ajuda (Palácio)」站
4. 阿茹達宮
5. 阿茹達植物園
   ↓乘巴士 742 至「Estação Sto. Amaro」站
6. Carris 博物館
7. 支柱 7- 橋梁體驗

Part 5 暢遊「斯」路——7 條主題規劃路線

- 269 -

07 零元景點省荷包

免費經典一日囊括

用自體發電的 11 路公車，踏踏實實走遍看遍里斯本

1 聖塔阿波羅車站
2 艾爾雷噴泉遺跡
3 里斯本主教座堂
4 太陽門觀景台、聖露西亞觀景台、聖地牙哥堂
5 里斯本最老屋
6 恩寵觀景台
7 山上聖母觀景台
8 聖多明我堂
9 羅西歐車站、羅西歐廣場
10 無花果廣場
11 奧古斯塔商業街
12 商業廣場
13 聖母無玷始胎舊堂
　　↓沿河堤步行
14 里斯本河濱市場＋Time Out 美食市場
15 粉紅街區
16 賈梅士前地
17 貝特朗書店
18 阿爾坎塔拉聖伯多祿花園
19 自由大道
20 龐巴爾侯爵廣場
21 愛德華七世公園

Part5 暢遊「斯」路──7條主題規劃路線

-271-

Part 6

避雷「本」事──11個遊覽提醒

作為世界知名的旅遊城市，里斯本對觀光客可謂十分友善，高 CP 值的交通與旅遊卡，市中心亦不乏旅遊服務處，無論使用何種語言或自助旅行新手，都能玩得舒適舒心。當地人多親切溫和，只要禮貌開口詢問，多能獲得善意的回應。然而，再美好的城市，仍有一些需留心留意的細節與當心注意的陷阱。

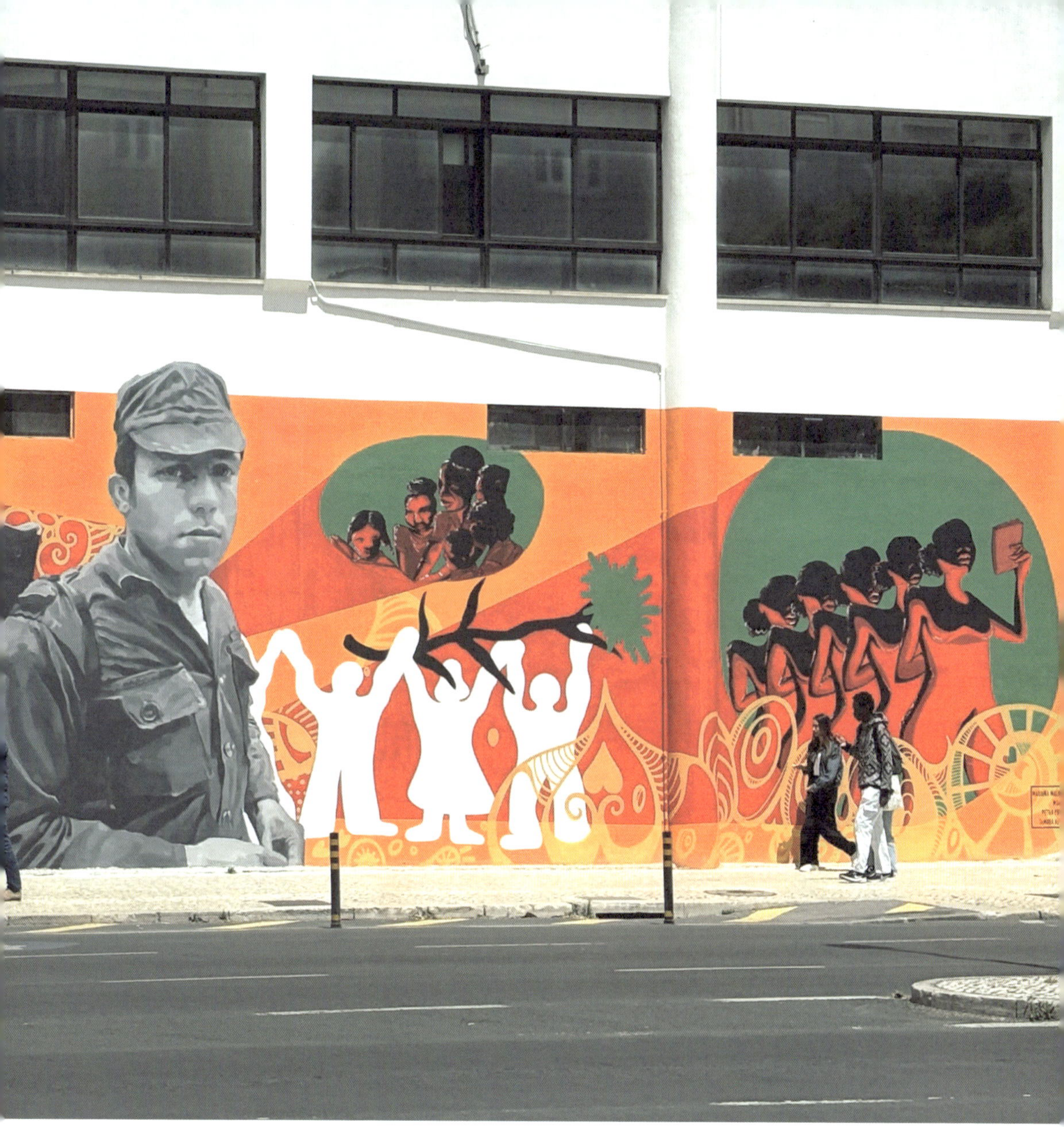

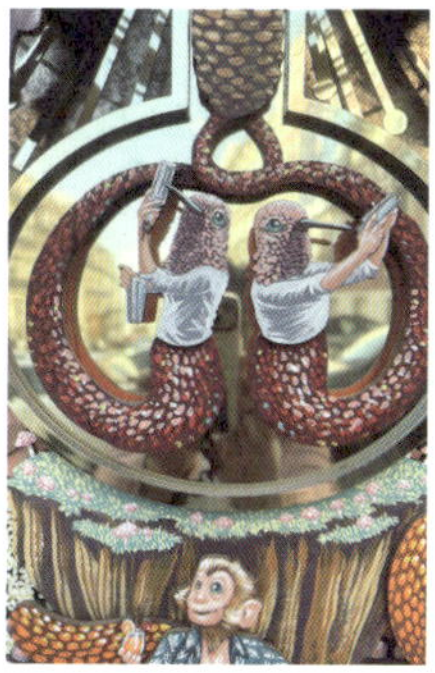

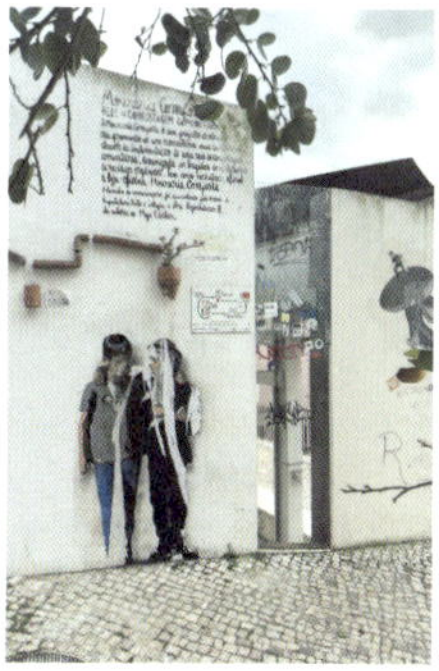

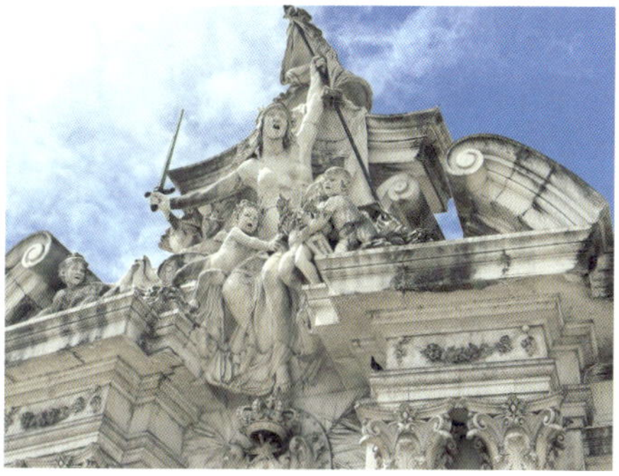

拒絕推銷

　　遠離遊走觀光區、手持商品「熱情」兜售的個人小販，品項多為手信、假名牌包甚至違禁藥物，無論是什麼都極可能招致破財、糾纏與麻煩。偶遇時，切忌因好奇多看幾眼或表露興趣，如此更會成為他們鎖定的目標。

無視搭訕

　　若有人滿臉笑意向你問路、問好；和你說「謝謝」、「你好」一類中文，請保持淡定並快步離開。此舉並非冷淡冷漠，而是因為大多數的觀光客「看起來就是觀光客」，不可能被真正需要問路的人「相中」。至於貌似友善的搭訕，在影視劇中雖常是好的開始，但請務必記住現實的殘酷。

免費最貴

　　部分位於觀光區的酒吧與提供法朵表演的餐廳，常以免費請喝一杯調酒、聽歌無低消等誘人條件吸客，讓人萌生不喝白不喝、不聽白不聽的錯覺。現實是酒吧的贈酒品質很一般，餐廳的料理價位偏高且手藝欠佳，Google Maps 評價也不高。說到底，顧客就是最好的指引，生意好的店家總是來客絡繹不絕，何須以 Free 好康為餌？部分高評價的餐廳可透過官網或合作系統預訂座位，只要確定時間即可趁早安排。

後背包 Out

　　後背包在搭乘交通工具時，是扒手最愛選擇的獵物，乘客可採背包反背胸前的方式彌補。市區移動時，最好換用層次複雜、多拉鍊、具防割效果的非名牌、低調斜背包。當地扒手絕大多數是伺機而動的機會主義者，穿著打扮與觀光客或普通上班族無異，主要針對粗心大意、遭分散注意力者下手，被喝斥就一臉不在意或嘻皮笑臉離開，不太會使用暴力也較不具攻擊性。

紀念品坑

　　色彩繽紛、吸人目光的沙丁魚罐頭專賣店，商品售價往往是當地雜貨店或超市的數倍，除非自願為裝潢溢價買單，否則真的看看就好。葡國特色紀念品基本大同小異，熱門觀光區通常價位偏高，可先詢價再擇一有緣店（像是：老闆親切、主動給予折扣、商品齊全買多可議價）光顧。

爽乘 28E

　　號稱最美路線、穿行熱門觀光區的 28E 電車，車內擁擠程度更勝沙丁魚罐頭，感受欠佳還有被偷之虞。遊客多於鄰近馬蒂姆・莫尼斯地鐵站（Martim Moniz）的同名起點站上車，站牌前總是大排長龍，等候數班才能擠上實屬常態。欲悠哉細品 28E 的旅人，不妨於電車的另一端起點 Campo Ourique（Prazeres）上車，車行前段景致宜人、遊客甚少，品賞在地人鬆弛舒適的舊時光。

- 275 -

電梯祕辛

　　具標誌性意義觀光兼運輸價值的聖胡斯塔電梯，搭乘處總是排滿人潮，如第一次造訪且持有涵蓋車票「一日券」、「里斯本卡」不妨耐心一排；如對搭老電梯沒有執念或想免費至上層參觀，則可由後方 R. do Carmo 往上坡方向步行至 R. Garrett 23 右轉，遇 Calçada do Sacramento 再右轉後直走，路底即是卡爾莫考古博物館，右手邊就是聖胡斯塔電梯的頂層。除書中提及的各類升降機，市內還有多座連接高低落差的公用手扶梯或電梯。它們多為免費開放，可省下不少腿力。

連接高低落差的公用電梯 ▲

嘟嘟看人品

　　觀光區周邊可見裝飾用心、色彩鮮艷的 Tuk Tuk（嘟嘟），司機普遍英語流利、態度熱情，提供城市遊或單程運輸。最適合阿爾法瑪舊城區路幅窄、路況複雜的交通環境，唯上車前須說清楚目的地與談妥車資。司機普遍素質不錯，但難免有害群之馬，還是以少量運用為佳。有意嘗試 Tuk Tuk 城市遊的旅客，可先透過網站搜尋評價佳、標價清晰的業者。

里斯本探索旅圖

現金備用

儘管信用卡與行動支付已十分普及，但一些餐廳、商家或於車內購票時，仍只接受現金付款。面額方面，以 50 元紙鈔及其以下的鈔票、硬幣較受歡迎，除非交易金額接近百元與兩百元鈔，否則有可能以無法找零為由婉拒。

晚餐很晚

當地人慣於 8、9 點才用晚餐，除街邊小吃餐飲店，一般正規或提供法朵表演的餐廳，多是從下午 3 點休息至晚間 7 點半。

留意腳下

洋溢葡國風情的黑白地磚雖美，雨天濕滑則自動變身天然溜冰場，高低落差與路面破損也會讓行人因一步踏錯而扭傷，即便再三小心仍可能滑倒、踢到或摔倒。旅遊期間請以防滑耐穿、具抓地力的健走鞋款為主，如遇沙灘下水或有拍照需求時，再於現場替換。

Note

里斯本探索旅圖 一場美食 ╳ 文化的深度之旅
七 大 主 題 路 線

釀旅人 55　PE0223

里斯本探索旅圖
──七大主題路線，一場美食╳文化的深度之旅

作　　　者	粟子
責任編輯	邱意珺
圖文排版	嚴若綾
封面設計	嚴若綾

出版策劃	釀出版
製作發行	秀威資訊科技股份有限公司
	114 台北市內湖區瑞光路76巷65號1樓
	電話：+886-2-2796-3638　傳真：+886-2-2796-1377
	服務信箱：service@showwe.com.tw
	http://www.showwe.com.tw
郵政劃撥	19563868　戶名：秀威資訊科技股份有限公司
展售門市	國家書店【松江門市】
	104 台北市中山區松江路209號1樓
	電話：+886-2-2518-0207　傳真：+886-2-2518-0778
網路訂購	秀威網路書店：https://store.showwe.tw
	國家網路書店：https://www.govbooks.com.tw
法律顧問	毛國樑　律師
總 經 銷	聯合發行股份有限公司
	231新北市新店區寶橋路235巷6弄6號4F
	電話：+886-2-2917-8022　傳真：+886-2-2915-6275

出版日期	2025年4月　BOD一版
定　　價	590元

版權所有・翻印必究（本書如有缺頁、破損或裝訂錯誤，請寄回更換）
Copyright © 2025 by Showwe Information Co., Ltd.
All Rights Reserved

Printed in Taiwan

讀者回函卡

國家圖書館出版品預行編目(CIP)資料

里斯本探索旅圖：七大主題路線,一場美食x文化的
深度之旅 / 粟子著
-- 一版. -- 臺北市：釀出版, 2025.04
　　面；　公分. --（釀旅人 ; 55）
BOD版
ISBN 978-626-412-058-6(平裝)

1.CST: 旅遊 2.CST: 葡萄牙里斯本

746.2719　　　　　　　　　　　　　　114000161